DEN VEGANISKE BIBEL MED TOFU, SEITAN OG TEMPEH OPSKRIFTER

100 seneste opskrifter fra hele verden for at gøre dit veganske og vegetariske liv endnu rigere

Katharina Henriksson

© Copyright 2022 - Alle rettigheder forbeholdes.

Den følgende bog er gengivet nedenfor med det formål at give information, der er så nøjagtig og pålidelig som muligt. Uanset hvad kan køb af denne bog ses som samtykke til, at både udgiveren og forfatteren af denne bog på ingen måde er eksperter i de emner, der diskuteres heri, og at eventuelle anbefalinger eller forslag, der er fremsat heri, kun er til underholdningsformål. Fagfolk bør konsulteres efter behov, før de udfører nogen af de handlinger, der er godkendt heri.

Denne erklæring anses for retfærdig og gyldig af både American Bar Association og Committee of Publishers Association og er juridisk bindende i hele USA.

Ydermere vil transmission, kopiering eller reproduktion af et af følgende værker, herunder specifikke oplysninger, blive betragtet som en ulovlig handling, uanset om den er udført elektronisk eller på tryk. Dette strækker sig til at oprette en sekundær eller tertiær kopi af værket eller en optaget kopi og er kun tilladt med udtrykkelig skriftlig tilladelse fra udgiveren. Alle yderligere rettigheder forbeholdes.

Oplysningerne på de følgende sider betragtes i store træk som en sandfærdig og nøjagtig redegørelse for fakta, og som sådan vil enhver uopmærksomhed, brug eller misbrug af de pågældende oplysninger fra læserens side bevirke, at eventuelle resulterende handlinger udelukkende hører under deres kompetenceområde. Der er ingen scenarier, hvor udgiveren eller den oprindelige forfatter til dette værk på nogen måde kan blive anset for at være ansvarlig for vanskeligheder eller skader, der måtte ramme dem efter at have foretaget information beskrevet heri.

Derudover er oplysningerne på de følgende sider kun beregnet til informationsformål og bør derfor opfattes som universelle. Som det sømmer sig for dets natur, præsenteres det uden sikkerhed med hensyn til dets forlængede gyldighed eller midlertidige kvalitet. Varemærker, der er nævnt, er udført uden skriftligt samtykke og kan på ingen måde betragtes som en påtegning fra varemærkeindehaveren.

Sommario

INTRODUKTION **7**

1. BØNNEMASSE MED ØSTERSSAUCE 9
2. FRITURESTEGT TOFU 11
3. FERMENTERET BØNNEMASSE MED SPINAT 12
4. STUVET TOFU 14
5. KINESISKE NUDLER I PEANUT-SESAMSAUCE 16
6. MANDARIN NUDLER 18
7. BØNNEMASSE MED BØNNESAUCE OG NUDLER 20
8. TOFU FYLDT MED REJER 22
9. BØNNEMASSE MED SZECHWAN-GRØNTSAG 24
10. BRAISERET TOFU MED TRE GRØNTSAGER 26
11. SVINEKØD FYLDTE TOFU TREKANTER 28
12. TRANEBÆRPANDEKAGER MED SIRUP 30
13. SOJAGLASERET TOFU 32
TOFU I CAJUN-STIL 35
14. SPRØD TOFU MED SYDENDE KAPERSAUCE 37
15. LANDSTEGT TOFU MED GYLDEN SOVS 39
16. ORANGE-GLASERET TOFU OG ASPARGES 41
17. TOFU PIZZAIOLA 43
18. "KA-POW" TOFU 45
19. TOFU I SICILIANSK STIL 47
20. THAI-PHOON STIR-FRY 49
21. CHIPOTLE-MALET BAGT TOFU 51
22. GRILLET TOFU MED TAMARINDGLASUR 52
23. TOFU FYLDT MED BRØNDKARSE 54
24. TOFU MED PISTACIE-GRANATÆBLE 56
25. SPICE ISLAND TOFU 58
26. INGEFÆRTOFU MED CITRUS-HOISIN-SAUCE 60
27. TOFU MED CITRONGRÆS OG SNEÆRTER 62

28. DOBBELT-SESAM TOFU MED TAHINISAUCE **64**
29. TOFU OG EDAMAME GRYDERET **66**
30. SOJABRUNE DRØMMEKOTELETTER **68**
31. MY KINDA MEAT LOAF **70**
32. MEGET VANILJE FRANSK TOAST **72**
33. SESAM-SOJA MORGENMADSPÅLÆG **74**
34. RADIATORE MED AURORA SAUCE **75**
35. KLASSISK TOFU LASAGNE **77**
36. RØD CHARD OG SPINAT LASAGNE **79**
37. BRÆNDT GRØNTSAGSLASAGNE **81**
38. LASAGNE MED RADICCHIO OG SVAMPE **84**
39. LASAGNE PRIMAVERA **86**
SORT BØNNE- OG GRÆSKARLASAGNE **89**
40. MANIKOTTE FYLDTE MANICOTTI **91**
41. LASAGNEHJUL **97**
42. GRÆSKARRAVIOLI MED ÆRTER **99**
43. KOGLE-VALNØD RAVIOLI **102**
44. TORTELLINI MED APPELSINSAUCE **105**
45. GRØNTSAG LO MEIN MED TOFU **107**
46. PAD THAI **109**
47. DRUNKEN SPAGHETTI MED TOFU **112**

TEMPEH **114**

1. CARBONARA-STIL SPAGHETTI **114**
2. TEMPEH OG GRØNTSAGSRØRESTEG **116**
3. TERIYAKI TEMPEH **118**
4. GRILLET TEMPEH **120**
5. ORANGE-BOURBON TEMPEH **122**
6. TEMPEH OG SØDE KARTOFLER **124**
7. KREOLSK TEMPEH **126**
8. TEMPEH MED CITRON OG KAPERS **128**

9.	Tempeh med Maple & Balsamico Glaze	130
10.	Fristende Tempeh Chili	132
11.	Tempeh Cacciatore	134
12.	Indonesisk Tempeh i kokossovs	136
13.	Ingefær-Peanut Tempeh	138
14.	Tempeh med Kartofler og Kål	140
15.	Southern Succotash Stew	142
16.	Bagt Jambalaya-gryde	144
17.	Tempeh og sød kartoffeltærte	146
18.	Aubergine og Tempeh-fyldt Pasta	148
19.	Singapore Nudler med Tempeh	150
20.	Tempeh Bacon	153
21.	Spaghetti og T-bolde	154
22.	Paglia e Fieno med ærter	157

SEITAN 159

23.	Basic Simrede Seitan	160
24.	Fyldbagt Seitan-steg	162
25.	Seitan Grydesteg	164
26.	Næsten én-rets Thanksgiving-middag	166
27.	Seitan Milanese med Panko og Lemon	169
28.	Sesamskorpe Seitan	170
29.	Seitan med Artiskokker og Oliven	172
30.	Seitan med Ancho-Chipotle Sauce	174
31.	Seitan Piccata	176
32.	Trefrø Seitan	178
33.	Fajitas uden Grænser	180
34.	Seitan med Green Apple Relish	182
35.	Seitan og Broccoli-Shiitake Stir-Fry	184
36.	Seitan brochetter med ferskner	186
37.	Grillede Seitan og Grøntsags Kabobs	188

38.	SEITAN EN CROUTE	190
39.	SEITAN OG KARTOFFEL TORTA	192
40.	RUSTIK COTTAGE PIE	194
41.	SEITAN MED SPINAT OG TOMATER	196
42.	SEITAN OG FLOSSEDE KARTOFLER	198
43.	KOREANSK NUDLER STIR-FRY	200
44.	JERK-SPICED RED BEAN CHILI	202
45.	EFTERÅRSMEDLEYGRYDERET	204
46.	ITALIENSK RIS MED SEITAN	206
47.	TO-KARTOFFELHASH	208
48.	CREME FRAICHE SEITAN ENCHILADAS	209
49.	VEGANSK FYLDT SEITANSTEG	213
50.	CUBANSK SEITAN SANDWICH	216

KONKLUSION **219**

INTRODUKTION

Hvis du ønsker at blande dine proteinkilder med plantebaserede kraftværker, skal du ikke lede længere end Tofu som en nem at tilberede vegansk eller vegetarisk mulighed. Tofu er fleksibel, madlavningsmæssigt. Dette er fordi det kommer i en række forskellige teksturer (afhængigt af hvor meget vand der presses ud) og er ret intetsigende. Fordi det er relativt smagløst, tager det godt til andre smage uden at konkurrere med dem.

Tofu, også kendt som bønnemasse, er en fødevare fremstillet ved at koagulere sojamælk og derefter presse den resulterende ostemasse til faste hvide blokke af varierende blødhed; den kan være silkeagtig, blød, fast, ekstra fast eller superfast. Ud over disse brede kategorier er der mange varianter af tofu. Den har en subtil smag, så den kan bruges i salte og søde retter. Den krydres eller marineres ofte, så den passer til retten og dens smag, og på grund af dens svampede konsistens absorberer den smag godt.

Hvis du aldrig har arbejdet med det før, kan det være skræmmende at tilberede tofu. Men når du først har lært lidt om det, kunne det ikke være nemmere at forberede tofu godt! Nedenfor finder du de mest lækre og nemme opskrifter, som du kan lave som en professionel!

Enkle tips til madlavning af tofu:

- Sørg for at vælge den rigtige tekstur. I dagligvarebutikker spænder det fra silke til fast og ekstra fast. Blød silketofu ville være mit valg til at blande i desserter eller skære i miso-suppe, men hvis du serverer den som hovedret eller topper den på skåle, er ekstra fast, hvad du har brug for. Den har en mere hjertelig, tættere tekstur og mindre vandindhold end andre typer tofu. Bemærk: Jeg foretrækker at købe økologisk tofu lavet uden genmodificerede sojabønner.

- Tryk på den. Tofu indeholder meget vand, og du vil gerne presse det meste ud, især hvis du bager, griller eller steger det. Tofupresser fås i butikkerne, men det er ikke nødvendigt at have en. Du kan bruge en stak bøger, eller bare gøre, hvad jeg gør, og bruge dine hænder til at trykke den let i et køkkenrulle eller køkkenrulle. (Sørg bare for ikke at skubbe for hårdt, ellers smuldrer det!)

- Krydderi. Det. Op. Der er en grund til, at tofu bliver flak for at være intetsigende, og det er fordi det er det! Sørg for at krydre det godt. Du kan marinere den eller tilberede den med en sprød bagt tofu-opskrift.

1. **Bønnemasse med østerssauce**

- 8 ounce bønnemasse
- 4 ounces friske svampe 6 grønne løg
- 3 stilke selleri
- rød eller grøn peber
- spiseskefulde vegetabilsk olie 1/2 kop vand
- spiseske majsstivelse
- spiseskefulde østerssauce 4 tsk tør sherry
- 4 tsk sojasovs

Skær bønnemasse i 1/2 tomme tern. Rens svampe og skær i skiver. Skær løg i 1 tomme stykker. Skær selleri i

1/2 tomme diagonale skiver. Fjern frø fra peber og skær peber i 1/2 tomme stykker.

Varm 1 spsk af olien op i wok ved høj varme. Kog bønnemassen i olien, omrør forsigtigt, indtil den er lysebrun, 3 minutter. Fjern fra panden.

Opvarm den resterende 1 spsk olie i wok ved høj varme. Tilsæt svampe, løg, selleri og peber, steg i 1 minut.

Sæt bønnemassen tilbage i wokken. Vend let for at kombinere. Blend vand, majsstivelse, østerssauce, sherry og sojasovs. Hæld blandingen over i wok. Kog og rør indtil væsken koger. Kog og rør 1 minut længere.

2. **Friturestegt Tofu**

- 1 blok fast tofu
- ¼ kop majsstivelse
- 4-5 kopper olie til friturestegning

Dræn tofuen og skær den i tern. Overtræk med majsstivelsen.

Tilsæt olie til en forvarmet wok og opvarm til 350°F. Når olien er varm, tilsæt tofufirkanterne og friter dem, indtil de bliver gyldne. Afdryp på køkkenrulle.

Giver 2¾ kopper
Denne velsmagende og nærende shake er en ideel morgenmad eller eftermiddagssnack. Tilsæt årstidens bær for ekstra smag.

3. **Fermenteret bønnemasse med spinat**

- 5 kopper spinatblade
- 4 tern fermenteret bønnemasse med chili
- En knivspids fem-krydderi pulver (mindre end ⅛ teskefuld)
- 2 spsk olie til stegning
- 2 fed hvidløg, hakket

Blancher spinaten ved at dyppe bladene kort i kogende vand. Dræn grundigt.

Mos de fermenterede tofuterninger og bland femkrydderipulveret i.

Tilsæt olie til en forvarmet wok eller stegepande. Når olien er varm tilsættes hvidløget og steges kort, indtil det er aromatisk. Tilsæt spinaten og steg i 1-2 minutter. Tilsæt den mosede bønnemasse i midten af wokken og bland med spinaten. Kog igennem og server varm.

4. **Stuvet tofu**

- 1 pund oksekød
- 4 tørrede svampe
- 8 ounces presset tofu
- 1 kop lys sojasovs
- ¼ kop mørk sojasovs
- ¼ kop kinesisk risvin eller tør sherry
- 2 spsk olie til stegning
- 2 skiver ingefær
- 2 fed hvidløg, hakket
- 2 kopper vand
- 1 stjerneanis

Skær oksekødet i tynde skiver. Læg de tørrede svampe i blød i varmt vand i mindst 20 minutter for at blive bløde.

Klem forsigtigt for at fjerne overskydende vand og skær i skiver.

Skær tofuen i ½-tommers terninger. Kombiner den lyse sojasauce, mørk sojasauce, Konjac-risvin, hvid og brun og sæt til side.

Tilsæt olie til en forvarmet wok eller stegepande. Når olien er varm tilsættes ingefærskiver og hvidløg og steges kort, indtil de er aromatiske. Tilsæt oksekødet og steg, indtil det er brunet. Inden oksekødet er færdigkogt tilsættes tofu-terningerne og steges kort.

Tilsæt saucen og 2 dl vand. Tilsæt stjerneanis. Bring det i kog, og skru derefter ned for varmen og lad det simre. Efter 1 time tilsættes de tørrede svampe. Lad det simre i yderligere 30 minutter, eller indtil væsken er reduceret. Fjern eventuelt stjerneanisen inden servering.

5. Kinesiske nudler i peanut-sesamsauce

- 1 lb. nudler i kinesisk stil
- 2 spsk. mørk sesamolie

FORBINDING:
- 6 spsk. jordnøddesmør 1/4 kop vand
- 3 spsk. lys sojasovs 6 spsk. mørk sojasovs
- 6 spsk. tahin (sesampasta)
- 1/2 kop mørk sesamolie 2 spsk. sherry
- 4 tsk. Risvinseddike 1/4 kop honning
- 4 mellemstore fed hvidløg, hakket
- 2 tsk. hakket frisk ingefær
- 2-3 spsk. varm peberolie (eller mængde efter din egen smag) 1/2 kop varmt vand

Kom varme rød peberflager og olie i en gryde ved middel varme. Bring i kog, og sluk for varmen med det samme.

Lad afkøle. Si i en lille glasbeholder, der kan lukkes. Afkøles.

GARNISER:
- 1 gulerod, skrællet
- 1/2 fast medium agurk, skrællet, frøet og skåret i julien
  1/2 kop ristede jordnødder, groft hakket
- 2 grønne løg, skåret i tynde skiver

Kog nudler i en stor gryde med kogende vand over medium varme. Kog indtil knap mør og stadig fast. Dræn straks og skyl med koldt vand, indtil det er koldt. Dræn godt og smid nudlerne med (2 spsk) mørk sesamolie, så de ikke klistrer sammen.

TIL DRESSING: Bland alle ingredienser undtagen varmt vand i en blender og blend, indtil det er glat. Fortynd med varmt vand til konsistensen af piskefløde.

Til pynt skrælles kødet af gulerod i korte spåner, der er ca. 4" lange. Placer i isvand i 30 minutter for at krølle. Lige før servering, smid nudler med sauce. Pynt med agurk, jordnødder, grønne løg og gulerodskrøller. Serveres kolde eller ved stuetemperatur.

6. Mandarin nudler

- tørrede kinesiske svampe
- 1/2 pund friske kinesiske nudler 1/4 kop jordnøddeolie
- spsk hoisinsauce 1 spsk bønnesauce
- spsk Risvin eller tør sherry 3 spsk let sojasovs
- eller honning
- 1/2 kop reserveret svampeudblødningsvæske 1 tsk chilipasta
- 1 spsk majsstivelse
- 1/2 rød peberfrugt - i 1/2 tomme tern
- 1/2 8 ounce dåse hele bambusskud, skåret i 1/2 i tern skyllet og drænet 2 kopper bønnespirer
- spidskål - i tynde skiver

Udblød de kinesiske svampe i 1 1/4 kop varmt vand i 30 minutter. Mens de er i blød, bring 4 liter vand i kog og kog nudlerne i 3 minutter. Dræn og smid med 1 spiseskefuld jordnøddeolie; sæt til side.

Fjern svampene; sigt og reserver 1/2 kop af iblødsætningsvæsken til saucen. Trin og kassér svampestænglerne; hak hætterne groft og stil dem til side.

Bland ingredienserne til saucen i en lille skål; sæt til side.

Opløs majsstivelsen i 2 spsk koldt vand; sæt til side.

Stil wokken over medium-høj varme. Når det begynder at ryge, tilsæt de resterende 3 spiseskefulde jordnøddeolie, derefter svampe, rød peber, bambusskud og bønnespirer. Steg i 2 minutter.

Rør saucen og kom den i wokken, og fortsæt med at røre, indtil blandingen begynder at koge, cirka 30 sekunder.

Bland den opløste majsstivelse og kom den i wokken. Fortsæt med at røre, indtil saucen tykner, cirka 1 minut. Tilsæt nudlerne og vend indtil de er opvarmet, cirka 2 minutter.

Overfør til et serveringsfad og drys med snittet spidskål. Server med det samme

7. **Bønnemasse med bønnesauce og nudler**

- 8 ounce friske Peking-stil nudler
- 1 12-ounce blokfast tofu
- 3 store stilke bok choy OG 2 grønne løg
- ⅓ kop mørk sojasovs
- 2 spsk sort bønnesauce
- 2 tsk kinesisk risvin eller tør sherry
- 2 tsk sort riseddike
- ¼ tsk salt
- ¼ tsk chilipasta med hvidløg
- 1 tsk Hot Chili Oil (side 23)
- ¼ tsk sesamolie

- ½ kop vand
- 2 spsk olie til stegning
- 2 skiver ingefær, hakket
- 2 fed hvidløg, hakket
- ¼ af et rødløg, hakket

Kog nudlerne i kogende vand, til de er møre. Dræn grundigt. Dræn tofuen og skær den i tern. Kog bok choyen ved at dyppe den kort i kogende vand og dræne den grundigt. Adskil stilke og blade. Skær de grønne løg på diagonalen i 1-tommers skiver. Kombiner den mørke sojasauce, sorte bønnesauce, Konjac-risvin, sort riseddike, salt, chilipasta med hvidløg, Hot Chili Oil, sesamolie og vand. Sæt til side.

Tilsæt olie til en forvarmet wok eller stegepande. Når olien er varm, tilsæt ingefær, hvidløg og grønne løg. Steg kortvarigt indtil aromatisk. Tilsæt rødløget og steg kort. Skub op til siderne og tilsæt bok choy stilkene. Tilsæt bladene og steg, indtil bok choyen er lysegrøn og løget mørt. Hvis det ønskes, smag til med ¼ tsk salt

Tilsæt saucen i midten af wokken og bring det i kog. Tilsæt tofuen. Lad det simre i et par minutter, så tofuen absorberer saucen. Tilsæt nudlerne. Bland det hele igennem og server varmt.

8. **Tofu fyldt med rejer**

- ½ pund fast tofu
- 2 ounce kogte rejer, pillede og deveirede
- ⅛ teskefuld salt
- Peber efter smag
- ¼ tsk majsstivelse
- ½ kop hønsebouillon
- ½ tsk kinesisk risvin eller tør sherry
- ¼ kop vand
- 2 spsk østerssauce
- 2 spsk olie til stegning
- 1 grønt løg, skåret i 1-tommers stykker

Dræn tofuen. Vask rejerne og dup dem tørre med køkkenrulle. Mariner rejerne i salt, peber og majsstivelse i 15 minutter.

Hold kløften parallelt med skærebrættet og skær tofuen i to på langs. Skær hver halvdel i 2 trekanter, og skær derefter hver trekant i 2 trekanter mere. Du skal nu have 8 trekanter.

Skær en slids på langs på den ene side af tofuen. Stik ¼-½ tsk af rejerne ind i slidsen.

Tilsæt olie til en forvarmet wok eller stegepande. Når olien er varm tilsættes tofuen. Brun tofuen i cirka 3-4 minutter, vend den mindst én gang og sørg for, at den ikke klæber til bunden af wokken. Hvis du har rester af rejer, så tilsæt det i det sidste minut af kogningen.

Tilsæt hønsebouillon, Konjac-risvin, vand og østerssauce til midten af wokken. Bring i kog. Skru ned for varmen, læg låg på og lad det simre i 5-6 minutter. Rør det grønne løg i. Serveres varm.

9. Bønnemasse med Szechwan-grøntsag

- 7 ounces (2 blokke) presset bønnemasse
- ¼ kop konserveret Szechwan-grøntsag
- ½ kop hønsefond eller bouillon
- 1 tsk kinesisk risvin eller tør sherry
- ½ tsk sojasovs
- 4-5 kopper olie til stegning

Opvarm mindst 4 kopper olie i en forvarmet wok til 350 ° F. Mens du venter på, at olien bliver varm, skærer du den pressede bønnemasse i 1-tommers terninger. Skær Szechwan-grøntsagerne i tern. Kombiner hønsefond og risvin og sæt til side.

Når olien er varm, tilsæt bønnemasseterningerne og friter dem, indtil de bliver lysebrune. Tag den ud af wokken med en hulske og stil den til side.

Fjern alt undtagen 2 spsk olie fra wokken. Tilsæt den konserverede Szechwan-grøntsag. Steg i 1-2 minutter, og skub derefter op til siden af wokken. Tilsæt hønsebouillonblandingen i midten af wokken og bring det i kog. Bland sojasovsen i. Tilsæt den pressede ostemasse. Bland det hele sammen, lad det simre i et par minutter og server varmt.

10. Braiseret tofu med tre grøntsager

- 4 tørrede svampe
- ¼ kop reserveret svampeudblødningsvæske
- ⅔ kop friske svampe
- ½ kop hønsebouillon
- 1½ spsk østerssauce
- 1 tsk kinesisk risvin eller tør sherry
- 2 spsk olie til stegning
- 1 fed hvidløg, hakket
- 1 kop babygulerødder, halveret
- 2 tsk majsstivelse blandet med 4 tsk vand

- ¾ pund presset tofu, skåret i ½-tommers terninger

Udblød de tørrede svampe i varmt vand i mindst 20 minutter. Reserver ¼ kop af iblødsætningsvæsken. Skær de tørrede og friske svampe i skiver.

Kombiner den reserverede svampevæske, kyllingebouillon, østerssauce og Konjac-risvin. Sæt til side.

Tilsæt olie til en forvarmet wok eller stegepande. Når olien er varm tilsættes hvidløget og steges kort, indtil det er aromatisk. Tilsæt gulerødderne. Steg under omrøring i 1 minut, tilsæt derefter svampene og steg.

Tilsæt saucen og bring det i kog. Rør om i majsstivelses- og vandblandingen, og tilsæt saucen under omrøring hurtigt for at tykne.

Tilsæt tofu-terningerne. Bland det hele sammen, skru ned for varmen og lad det simre i 5-6 minutter. Serveres varm.

11. Svinekød fyldte tofu trekanter

- ½ pund fast tofu
- ¼ pund hakket svinekød
- ⅛ teskefuld salt
- Peber efter smag
- ½ tsk kinesisk risvin eller tør sherry
- ½ kop hønsebouillon
- ¼ kop vand

- 2 spsk østerssauce
- 2 spsk olie til stegning
- 1 grønt løg, skåret i 1-tommers stykker

Dræn tofuen. Læg det hakkede svinekød i en mellemstor skål. Tilsæt salt, peber og konjac-risvin. Mariner svinekødet i 15 minutter.

Hold kløften parallelt med skærebrættet og skær tofuen i to på langs. Skær hver halvdel i 2 trekanter, og skær derefter hver trekant i 2 trekanter mere. Du skal nu have 8 trekanter.

Skær en slids på langs langs en af kanterne på hver tofu-trekant. Stik en dynger ¼ tsk af det hakkede svinekød ind i slidsen.

Tilsæt olie til en forvarmet wok eller stegepande. Når olien er varm tilsættes tofuen. Hvis du har rester af hakket svinekød, tilsæt det også. Brun tofuen i cirka 3-4 minutter, vend den mindst én gang og sørg for, at den ikke klæber til bunden af wokken.

Tilsæt hønsebouillon, vand og østerssauce til midten af wokken. Bring i kog. Skru ned for varmen, læg låg på og lad det simre i 5-6 minutter. Rør det grønne løg i. Serveres varm.

12. Tranebærpandekager med sirup

Gør 4 til 6 portioner

1 kop kogende vand
½ kop sødede tørrede tranebær
¹/₂ kop ahornsirup
¼ kop frisk appelsinjuice
¼ kop hakket appelsin
1 spsk vegansk margarine
1 ¹/₂ kopper universalmel
1 spsk sukker
1 spsk bagepulver

½ tsk salt _
1 1/2 dl sojamælk -
¹/₄ kop blød silketofu, drænet
1 spsk raps- eller vindruekerneolie plus mere til stegning

Hæld det kogende vand over tranebærene i en varmefast skål, og stil dem til side for at blive bløde, cirka 10 minutter. Dræn godt af og sæt til side.

Kombiner ahornsirup, appelsinjuice, appelsin og margarine i en lille gryde og opvarm ved lav varme under omrøring for at smelte margarinen. Holde varm. Forvarm ovnen til 225°F.

I en stor skål kombineres mel, sukker, bagepulver og salt og sættes til side.

Kombiner sojamælk, tofu og olie i en foodprocessor eller blender, indtil det er godt blandet.

Hæld de våde ingredienser i de tørrede ingredienser og blend med et par hurtige strøg. Vend de blødgjorte tranebær i.

Opvarm et tyndt lag olie over medium-høj varme på en bageplade eller en stor stegepande. Skænk ¹/₄ kop til ¹/₃ kop

af dejen på den varme bageplade. Kog indtil små bobler vises på toppen, 2 til 3 minutter. Vend pandekagen og steg, indtil den anden side er brunet, cirka 2 minutter længere. Overfør kogte pandekager til et varmefast fad og hold dem varme i ovnen, mens resten tilberedes. Server med appelsin-ahornsirup.

13. Sojaglaseret tofu

Giver 4 portioner

- 1 pund ekstra fast tofu, drænet, skåret i ¹/₂ - tommers skiver og presset
- ¼ kop ristet sesamolie
- ¼ kop riseddike _
- 2 tsk sukker

Dup tofuen tør og anbring den i en 9 x 13 tommer bageform og stil den til side.

Kombiner sojasovsen, olien, eddike og sukker i en lille gryde og bring det i kog. Hæld den varme marinade på tofuen og stil til side til marinering i 30 minutter, vend én gang.

Forvarm ovnen til 350°F. Bag tofuen i 30 minutter, vend én gang cirka halvvejs. Server med det samme eller lad det køle af til stuetemperatur, dæk derefter til og stil det på køl, indtil det skal bruges

Tofu i Cajun-stil

Giver 4 portioner

- 1 pund ekstra fast tofu, drænet og duppet tør
- Salt
- 1 spiseskefuld plus 1 tsk Cajun krydderi
- 2 spsk olivenolie
- ¼ kop hakket grøn peberfrugt
- 1 spsk hakket selleri
- 2 spsk hakket grønne løg

- 2 fed hvidløg, hakket
- 1 (14,5 ounce) dåse tomater i tern, drænet
- 1 spsk sojasovs
- 1 spsk hakket frisk persille

Skær tofuen i $^1/_2$ tomme tykke skiver og drys begge sider med salt og 1 spsk Cajun-krydderi. Sæt til side.

I en lille gryde varmes 1 spsk af olien op over medium varme. Tilsæt peberfrugt og selleri. Dæk til og kog i 5 minutter. Tilsæt det grønne løg og hvidløg og steg uden låg i 1 minut længere. Rør tomater, sojasovs, persille, den resterende 1 tsk Cajun krydderiblanding og salt efter smag. Lad det simre i 10 minutter for at blande smagene og sæt til side.

I en stor stegepande opvarmes den resterende 1 spsk olie over medium-høj varme. Tilsæt tofuen og steg, indtil den er brunet på begge sider, cirka 10 minutter. Tilsæt saucen og lad det simre i 5 minutter. Server straks.

14. Sprød tofu med sydende kapersauce

Giver 4 portioner

- 1 pund ekstra fast tofu, drænet, skåret i $1/4$-tommers skiver og presset
- Salt og friskkværnet sort peber
- 2 spsk olivenolie, plus mere hvis nødvendigt
- 1 mellemstor skalotteløg, hakket
- 2 spsk kapers
- 3 spsk hakket frisk persille
- 2 spsk vegansk margarine
- Saft af 1 citron

Forvarm ovnen til 275°F. Dup tofuen tør og smag til med salt og peber. Læg majsstivelsen i en lav skål. Dryp tofuen i majsstivelsen, beklæd alle sider.

I en stor stegepande opvarmes 2 spsk af olien over medium varme. Tilsæt tofuen, i portioner, hvis det er nødvendigt, og steg indtil gyldenbrun på begge sider, cirka 4 minutter på hver side. Overfør den stegte tofu til et varmefast fad og hold den varm i ovnen.

I samme stegepande opvarmes den resterende 1 spsk af olien over medium varme. Tilsæt skalotteløg og kog indtil det er blødt, cirka 3 minutter. Tilsæt kapers og persille og kog i 30 sekunder, rør derefter margarine, citronsaft og salt og peber i efter smag, rør for at smelte og inkorporere margarinen. Top tofuen med kapersauce og server med det samme.

15. Landstegt tofu med gylden sovs

Giver 4 portioner

- 1 pund ekstra fast tofu, drænet, skåret i $^1/_2$ tommers skiver og presset
- Salt og friskkværnet sort peber
- $^{1/3}_{\text{kop}}$ majsstivelse _
- 2 spsk olivenolie
- 1 mellemsød gult løg, hakket
- 2 spsk universalmel
- 1 tsk tørret timian
- $^{1/8}_{\text{tsk}}$ gurkemeje _
- 1 kop grøntsagsbouillon, hjemmelavet (se Let grøntsagsbouillon) eller købt i butikken
- 1 spsk sojasovs

- 1 kop kogte eller dåse kikærter, drænet og skyllet
- 2 spsk hakket frisk persille, til pynt

Dup tofuen tør og smag til med salt og peber. Læg majsstivelsen i en lav skål. Dryp tofuen i majsstivelsen, beklæd alle sider. Forvarm ovnen til 250°F.

I en stor stegepande opvarmes 2 spsk af olien over medium varme. Tilsæt tofuen, i portioner, hvis det er nødvendigt, og steg indtil gyldenbrun på begge sider, cirka 10 minutter. Overfør den stegte tofu til et varmefast fad og hold den varm i ovnen.

I samme stegepande opvarmes den resterende 1 spsk af olien over medium varme. Tilsæt løget, læg låg på og kog indtil det er blødt, 5 minutter. Afdæk og reducer varmen til lav. Rør mel, timian og gurkemeje i og kog i 1 minut under konstant omrøring. Pisk langsomt bouillon i, derefter sojamælk og sojasovs. Tilsæt kikærterne og smag til med salt og peber. Fortsæt med at lave mad, omrør ofte, i 2 minutter. Overfør til en blender og kør indtil glat og cremet. Kom tilbage i gryden og varm op til den er varm, tilsæt lidt mere bouillon, hvis saucen er for tyk. Hæld saucen over tofuen og drys med persillen. Server straks.

16. Orange-glaseret tofu og asparges

Giver 4 portioner

- 2 spsk mirin
- 1 spsk majsstivelse
- 1 (16 ounce) pakke ekstra fast tofu, drænet og skåret i $1/4$-tommers strimler
- 2 spsk sojasovs
- 1 tsk ristet sesamolie
- 1 tsk sukker
- $1/4$ tsk asiatisk chilipasta
- 2 spsk raps- eller vindruekerneolie
- 1 fed hvidløg, hakket
- $1/2$ tsk hakket frisk ingefær
- 5 ounce tynde asparges, hårde ender trimmet og skåret i $1 1/2$-tommers stykker

I en lav skål kombineres mirin og majsstivelse og blendes godt. Tilsæt tofuen og vend forsigtigt til belægning. Stil til side til marinering i 30 minutter.

I en lille skål kombineres appelsinjuice, sojasauce, sesamolie, sukker og chilipasta. Sæt til side.

I en stor stegepande eller wok opvarmes rapsolien over medium varme. Tilsæt hvidløg og ingefær og steg rundt, indtil det dufter, cirka 30 sekunder. Tilsæt den marinerede tofu og aspargesene og steg rundt, indtil tofuen er gyldenbrun og aspargesene lige møre, cirka 5 minutter. Rør saucen i og kog i cirka 2 minutter mere. Server straks.

17. Tofu Pizzaiola

Giver 4 portioner

- 2 spsk olivenolie
- 1 (16-ounce) pakke ekstra fast tofu, drænet, skåret i $1/2$-tommers skiver og presset (se let grøntsagsbouillon)
- Salt
- 3 fed hvidløg, hakket
- 1 (14,5 ounce) dåse tomater i tern, drænet
- $1/4$ kop oliefyldte soltørrede tomater, skåret i $1/4$-tommers strimler
- 1 spsk kapers
- 1 tsk tørret oregano
- $1/2$ tsk sukker _

- Friskkværnet sort peber
- 2 spsk hakket frisk persille, til pynt

Forvarm ovnen til 275°F. I en stor stegepande opvarmes 1 spsk af olien over medium varme. Tilsæt tofuen og kog indtil gyldenbrun på begge sider, vend én gang, cirka 5 minutter pr. side. Drys tofuen med salt efter smag. Overfør den stegte tofu til et varmefast fad og hold den varm i ovnen.

I samme stegepande opvarmes den resterende 1 spsk olie over medium varme. Tilsæt hvidløg og steg indtil det er blødt, cirka 1 minut. Må ikke brunes. Rør de hakkede tomater, soltørrede tomater, oliven og kapers i. Tilsæt oregano, sukker og salt og peber efter smag. Svits indtil saucen er varm og smagene er godt blandet, cirka 10 minutter. Top de stegte tofuskiver med saucen og drys med persillen. Server straks.

18. "Ka-Pow" Tofu

Giver 4 portioner

- 1 pund ekstra fast tofu, drænet, klappet tør og skåret i 1-tommers terninger
- Salt
- 2 spsk majsstivelse
- 2 spsk sojasovs
- 1 spsk vegetarisk østerssauce
- 2 tsk Nothin' Fishy Nam Pla eller 1 tsk riseddike

- 1 tsk lys brun farin
- ½ tsk _{stødt} rød peber
- 2 spsk raps- eller vindruekerneolie
- 1 mellemsødt gult løg, halveret og skåret i $^1/_2$-tommers skiver
- medium rød peberfrugt, skåret i $^1/_4$-tommers skiver
- grønne løg, hakket
- $^1/_2$ kop thailandske basilikumblade

I en mellemstor skål kombineres tofu, salt efter smag og majsstivelse. Kast til belægning og sæt til side.

I en lille skål kombineres sojasovsen, østerssovsen, nam pla, sukker og knust rød peber. Rør godt sammen og sæt til side.

I en stor stegepande opvarmes 1 spsk af olien over medium-høj varme. Tilsæt tofuen og kog indtil gyldenbrun, cirka 8 minutter. Fjern fra panden og stil til side.

I samme stegepande opvarmes den resterende 1 spsk olie over medium varme. Tilsæt løg og peberfrugt og steg rundt, indtil det er blødt, cirka 5 minutter. Tilsæt de grønne løg og steg 1 minut længere. Rør den stegte tofu, saucen og basilikum i, og steg til den er varm, cirka 3 minutter. Server straks.

19. Tofu i siciliansk stil

Giver 4 portioner

- 2 spsk olivenolie
- 1 pund ekstra fast tofu, drænet, skåret i $^1/_4$-tommers skiver og presset Salt og friskkværnet sort peber
- 1 lille gult løg, hakket
- 2 fed hvidløg, hakket
- 1 (28-ounce) dåse tomater i tern, drænet
- 1/4 kop tør hvidvin
- $^1/_4$ tsk stødt rød peber
- $^1/_3$ kop udstenede Kalamata-oliven
- 1 $^1/_2$ spsk kapers
- 2 spsk hakket frisk basilikum eller 1 tsk tørret (valgfrit)

Forvarm ovnen til 250°F. I en stor stegepande opvarmes 1 spsk af olien over medium varme. Tilsæt tofuen, i portioner, hvis det er nødvendigt, og steg indtil gyldenbrun på begge sider, 5 minutter på hver side. Smag til med salt og sort peber efter smag. Overfør den kogte tofu til et varmefast fad og hold den varm i ovnen, mens du forbereder saucen.

I samme stegepande opvarmes den resterende 1 spsk olie over medium varme. Tilsæt løg og hvidløg, læg låg på og steg, indtil løget er blødt, 10 minutter. Tilsæt tomater, vin og knust rød peber. Bring det i kog, reducer derefter varmen til lav og lad det simre uden låg i 15 minutter. Rør oliven og kapers i. Kog i 2 minutter mere.

Anret tofuen på et fad eller individuelle tallerkener. Hæld saucen ovenpå. Drys eventuelt med frisk basilikum. Server straks.

20. Thai-Phoon Stir-Fry

Giver 4 portioner

- 1 pund ekstra fast tofu, drænet og klappet dr
- 2 spsk raps- eller vindruekerneolie
- mellemstore skalotteløg, halveret på langs og skåret i $^1/_8$-tommers skiver
- 2 fed hvidløg, hakket
- 2 tsk revet frisk ingefær
- 3 ounce hvide svampehætter, let skyllet, klappet tørre og skåret i $^1/_2$-tommers skiver
- 1 spsk cremet jordnøddesmør
- 2 tsk lys brun farin
- 1 tsk asiatisk chilipasta

- 2 spsk sojasovs
- 1 spsk mirin
- 1 (13,5 ounce) dåse usødet kokosmælk
- 6 ounce hakket frisk spinat
- 1 spsk ristet sesamolie
- Friskkogte ris eller nudler til servering
- 2 spsk finthakket frisk thaibasilikum eller koriander
- 2 spsk knuste usaltede ristede jordnødder
- 2 teskefulde hakket krystalliseret ingefær (valgfrit)

Skær tofuen i $^1/_2$-tommers terninger og stil til side. I en stor stegepande varmes 1 spsk af olien over medium-høj varme. Tilsæt tofuen og steg til den er gyldenbrun, cirka 7 minutter. Tag tofuen ud af gryden og stil den til side.

I samme stegepande opvarmes den resterende 1 spsk olie over medium varme. Tilsæt skalotteløg, hvidløg, ingefær og svampe, og steg rundt, indtil det er blødt, cirka 4 minutter.

Rør jordnøddesmør, sukker, chilipasta, sojasauce og mirin i. Rør kokosmælken i og bland, indtil det er godt blandet. Tilsæt den stegte tofu og spinaten og bring det i kog. Reducer varmen til medium-lav og lad det simre under omrøring af og til, indtil spinaten er visnet og smagene er godt blandet, 5 til 7 minutter. Rør sesamolien i og lad det simre i endnu et minut. For at servere, hæld tofublandingen på dit valg af ris eller nudler og top med kokosnød, basilikum, jordnødder og krystalliseret ingefær, hvis du bruger. Server straks.

21. Chipotle-malet bagt tofu

Giver 4 portioner

- 2 spsk sojasovs
- 2 dåse chipotle chili i adobo
- 1 spsk olivenolie
- 1 pund ekstra fast tofu, drænet, skåret i $^1/_2$ tomme tykke skiver og presset (se let grøntsagsbouillon)

Forvarm ovnen til 375°F. Olie let en 9 x 13-tommer bradepande og sæt til side.

Kombiner sojasovsen, chipotles og olien i en foodprocessor, og bearbejd indtil det er blandet. Skrab chipotleblandingen i en lille skål.

Pensl chipotleblandingen på begge sider af tofuskiverne og anbring dem i et enkelt lag i den forberedte gryde. Bages indtil de er varme, cirka 20 minutter. Server straks.

22. Grillet tofu med tamarind glasur

Giver 4 portioner

- 1 pund ekstra fast tofu, drænet og duppet tør
- Salt og friskkværnet sort peber
- 2 spsk olivenolie
- 2 mellemstore skalotteløg, hakket
- 2 fed hvidløg, hakket
- 2 modne tomater, groft hakkede
- 2 spsk ketchup
- $^{1/4}_{kop}$ vand _
- 2 spsk dijonsennep
- 1 spsk mørk brun farin
- 2 spsk agave nektar
- 2 spsk tamarindkoncentrat
- 1 spsk mørk melasse
- $^1/_2$ tsk malet cayennepepper

- 1 spsk røget paprika
- 1 spsk sojasovs

Skær tofuen i 1-tommers skiver, krydr med salt og peber efter smag og stil til side i en lav bradepande.

I en stor gryde varmes olien op over medium varme. Tilsæt skalotteløg og hvidløg og svits i 2 minutter. Tilsæt alle de resterende ingredienser, undtagen tofuen. Reducer varmen til lav og lad det simre i 15 minutter. Overfør blandingen til en blender eller foodprocessor og blend til en jævn masse. Vend tilbage til gryden og kog 15 minutter længere, og stil derefter til afkøling. Hæld saucen over tofuen og stil den på køl i mindst 2 timer. Forvarm en grill eller slagtekylling.

Grill den marinerede tofu, vend én gang, for at blive gennemvarm og brun pæn på begge sider. Mens tofuen griller, opvarmes marinaden i en gryde. Fjern tofuen fra grillen, pensl hver side med tamarindsaucen, og server med det samme.

23. Tofu fyldt med brøndkarse

Giver 4 portioner

- 1 pund ekstra fast tofu, drænet, skåret i ¾-tommer skiver og presset (se let grøntsagsbouillon)
- Salt og friskkværnet sort peber
- 1 lille bundt brøndkarse, seje stilke fjernet og hakket
- 2 modne blommetomater, hakkede
- ¹/₂ kop hakket grønne løg
- 2 spsk hakket frisk persille
- 2 spsk hakket frisk basilikum
- 1 tsk hakket hvidløg
- 2 spsk olivenolie
- 1 spsk balsamicoeddike
- Knib sukker
- ½ kop universalmel _

- ½ kop vand _
- 1 1/2 kopper tørre, ukrydrede brødkrummer

Skær en lang dyb lomme i siden af hver skive tofu og læg tofuen på en bageplade. Smag til med salt og peber og stil til side.

I en stor skål kombineres brøndkarse, tomater, grønne løg, persille, basilikum, hvidløg, 2 spsk olie, eddike, sukker og salt og peber efter smag. Bland, indtil det er godt blandet, og fyld derefter blandingen forsigtigt i tofu-lommerne.

Kom melet i en lav skål. Hæld vandet i en separat lav skål. Læg brødkrummerne på en stor tallerken. Dryp tofuen i melet, dyp den forsigtigt i vandet, og drej den derefter i brødkrummerne, og beklæd den grundigt.

I en stor stegepande opvarmes de resterende 2 spsk olie over medium varme. Tilsæt den fyldte tofu til stegepanden og steg indtil gyldenbrun, vend én gang, 4 til 5 minutter per side. Server straks.

24. Tofu med pistacie-granatæble

Giver 4 portioner

- 1 pund ekstra fast tofu, drænet, skåret i $1/4$-tommers skiver og presset (se let grøntsagsbouillon)
- Salt og friskkværnet sort peber
- 2 spsk olivenolie
- $1/2$ kop granatæblejuice
- 1 spsk balsamicoeddike
- 1 spsk lys brun farin
- 2 grønne løg, hakket
- $1/2$ kop usaltede afskallede pistacienødder, groft hakkede

- Smag tofuen til med salt og peber efter smag.

  I en stor stegepande opvarmes olien over medium varme. Tilsæt tofuskiverne, i portioner, hvis det er nødvendigt, og kog indtil de er let brunede, cirka 4 minutter på hver side. Fjern fra panden og stil til side.

  Tilsæt granatæblejuice, eddike, sukker og grønne løg i samme stegepande og lad det simre ved middel varme i 5 minutter. Tilsæt halvdelen af pistacienødderne og kog indtil saucen er lidt tyknet, cirka 5 minutter.

  Kom den stegte tofu tilbage i gryden og kog indtil den er varm, cirka 5 minutter, og hæld saucen over tofuen, mens den simrer. Server straks, drysset med de resterende pistacienødder.

25. Spice Island Tofu

Giver 4 portioner

- $1/2$ kop majsstivelse _
- $1/2$ tsk hakket frisk timian eller $1/4$ tsk tørret
- $1/2$ tsk hakket frisk merian eller $1/4$ tsk tørret
- $1/2$ tsk salt _
- $1/4$ tsk malet cayennepeber
- $1/4$ tsk sød eller røget paprika
- $1/4$ tsk lys brun farin
- $1/8$ tsk stødt allehånde
- 1 pund ekstra fast tofu, drænet og skåret i $1/2$-tommers strimler
- 2 spsk raps- eller vindruekerneolie
- 1 mellemstor rød peberfrugt, skåret i $1/4$-tommers strimler
- 2 grønne løg, hakket
- 1 fed hvidløg, hakket
- 1 jalapeño, frøet og hakket
- 2 modne blommetomater, udsået og hakket

- 1 kop hakket frisk eller dåse ananas
- 2 spsk sojasovs
- ¼ kop vand _
- 2 tsk frisk limesaft
- 1 spsk hakket frisk persille, til pynt

I en lav skål kombineres majsstivelse, timian, merian, salt, cayenne, paprika, sukker og allehånde. Bland godt. Dryp tofuen i krydderiblandingen, beklæd på alle sider. Forvarm ovnen til 250°F.

I en stor stegepande opvarmes 2 spsk af olien over medium varme. Tilsæt den uddybede tofu, i portioner, hvis det er nødvendigt, og kog indtil gyldenbrun, cirka 4 minutter på hver side. Overfør den stegte tofu til et varmefast fad og hold den varm i ovnen.

I samme stegepande opvarmes den resterende 1 spsk olie over medium varme. Tilsæt peberfrugt, grønne løg, hvidløg og jalapeño. Dæk til og kog, under omrøring lejlighedsvis, indtil de er møre, cirka 10 minutter. Tilsæt tomater, ananas, sojasovs, vand og limesaft, og lad det simre, indtil blandingen er varm, og smagene er kombineret, cirka 5 minutter. Hæld grøntsagsblandingen over den stegte tofu. Drys med hakket persille og server med det samme.

26. Ingefær tofu med citrus-hoisin sauce

Giver 4 portioner

- 1 pund ekstra fast tofu, drænet, klappet tør og skåret i $^1/_2$-tommers terninger
- 2 spsk sojasovs
- 2 spsk plus 1 tsk majsstivelse
- 1 spiseskefuld plus 1 tsk raps- eller vindruekerneolie
- 1 tsk ristet sesamolie
- 2 tsk revet frisk ingefær
- grønne løg, hakket
- $^{1/3}$ kop hoisinsauce _
- $^1/_2$ kop grøntsagsbouillon, hjemmelavet (se Let grøntsagsbouillon) eller købt i butikken
- $^{1/4}$ kop frisk appelsinjuice
- 1 $^1/_2$ spsk frisk limesaft
- 1 $^{1/2}$ spsk frisk citronsaft

- Salt og friskkværnet sort peber

Læg tofuen i en lav skål. Tilsæt sojasovsen og vend til belægningen, drys derefter med 2 spsk majsstivelse og vend til belægning.

I en stor stegepande opvarmes 1 spsk af rapsolien over medium varme. Tilsæt tofu og kog indtil gyldenbrun, vend lejlighedsvis, cirka 10 minutter. Fjern tofuen fra gryden og stil den til side.

I den samme stegepande opvarmes den resterende 1 tsk rapsolie og sesamolien over middel varme. Tilsæt ingefær og grønne løg og kog indtil dufter, cirka 1 minut. Rør hoisinsauce, bouillon og appelsinjuice i og bring det i kog. Kog indtil væsken er reduceret lidt, og smagene har en chance for at smelte sammen, cirka 3 minutter. Kombiner den resterende 1 tsk majsstivelse i en lille skål med limesaft og citronsaft og tilsæt saucen under omrøring for at tykne lidt. Smag til med salt og peber efter smag.

Kom den stegte tofu tilbage i gryden og kog indtil den er dækket med saucen og gennemvarmet. Server straks.

27. Tofu med citrongræs og sneærter

Giver 4 portioner

- 2 spsk raps- eller vindruekerneolie
- 1 mellemstor rødløg, halveret og skåret i tynde skiver
- 2 fed hvidløg, hakket
- 1 tsk revet frisk ingefær
- 1 pund ekstra fast tofu, drænet og skåret i $^1/_2$-tommers terninger
- 2 spsk sojasovs
- 1 spsk mirin eller sake
- 1 tsk sukker

- ½ tsk stødt rød peber
- 4 ounce sneærter, trimmet
- 1 spsk hakket citrongræs eller skal af 1 citron
- 2 spsk groftkværne usaltede ristede peanuts, til pynt

I en stor stegepande eller wok opvarmes olien over medium-høj varme. Tilsæt løg, hvidløg og ingefær og steg i 2 minutter. Tilsæt tofu og kog indtil gyldenbrun, cirka 7 minutter.

Rør sojasovsen, mirin, sukker og stødt rød peber i. Tilsæt sneærter og citrongræs og steg, indtil sneærterne er sprøde og smagene er godt blandet, cirka 3 minutter. Pynt med peanuts og server med det samme.

28. Dobbelt-Sesam Tofu med Tahinisauce

Giver 4 portioner

- ½ kop tahini (sesampasta)
- 2 spsk frisk citronsaft
- 2 spsk sojasovs
- 2 spsk vand
- ¼ kop hvide sesamfrø
- ¼ kop sorte sesamfrø
- ½ kop majsstivelse _
- 1 pund ekstra fast tofu, drænet, klappet tør og skåret i ½-tommers strimler
- Salt og friskkværnet sort peber
- 2 spsk raps- eller vindruekerneolie

Kombiner tahin, citronsaft, sojasovs og vand i en lille skål, omrør for at blande godt. Sæt til side.

I en lav skål kombineres de hvide og sorte sesamfrø og majsstivelse under omrøring for at blande. Smag tofuen til med salt og peber efter smag. Sæt til side.

I en stor stegepande opvarmes olien over medium varme. Dryp tofuen i sesamfrøblandingen, indtil den er godt dækket, tilsæt den derefter til den varme stegepande og kog den, indtil den er brun og sprød over det hele, vend efter behov, 3 til 4 minutter på hver side. Pas på ikke at brænde frøene. Dryp med tahinsauce og server med det samme.

29. Tofu og Edamame gryderet

Giver 4 portioner

- 2 spsk olivenolie
- 1 mellemstor gult løg, hakket
- ½ kop hakket selleri
- 2 fed hvidløg, hakket
- 2 mellemstore Yukon Gold-kartofler, skrællet og skåret i $^1/_2$-tommers terninger
- 1 kop afskallet frisk eller frossen edamame
- 2 kopper skrællet og skåret zucchini
- ½ kop frosne babyærter
- 1 tsk tørret krydret
- $^1/_2$ tsk smuldret tørret salvie
- $^1/_8$ tsk malet cayennepepper
- 1 $^1/_2$ dl grøntsagsbouillon, hjemmelavet (se Let grøntsagsbouillon) eller købt Salt og friskkværnet sort peber

- 1 pund ekstra fast tofu, drænet, klappet tør og skåret i $^1/_2$-tommers terninger
- 2 spsk hakket frisk persille

I en stor gryde varmes 1 spsk af olien op over medium varme. Tilsæt løg, selleri og hvidløg. Dæk til og kog indtil de er bløde, cirka 10 minutter. Rør kartoflerne, edamame, zucchini, ærter, salvie, salvie og cayenne i. Tilsæt bouillon og bring det i kog. Reducer varmen til lav og smag til med salt og peber. Dæk til og lad det simre, indtil grøntsagerne er møre og smagene er blandet, cirka 40 minutter.

I en stor stegepande opvarmes den resterende 1 spsk olie over medium-høj varme. Tilsæt tofu og kog indtil gyldenbrun, cirka 7 minutter. Smag til med salt og peber og stil til side. Cirka 10 minutter før stuvningen er færdigkogt tilsættes den stegte tofu og persille. Smag til, juster eventuelt krydderier og server med det samme.

30. Sojabrune drømmekoteletter

Giver 6 portioner

- 10 ounce fast tofu, drænet og smuldret
- 2 spsk sojasovs
- ¼ tsk sød paprika
- ¼ tsk løgpulver _
- ¼ tsk hvidløgspulver _
- ¼ tsk friskkværnet sort peber
- 1 kop hvedeglutenmel (vital hvedegluten)
- 2 spsk olivenolie

Kombiner tofu, sojasovs, paprika, løgpulver, hvidløgspulver, peber og mel i en foodprocessor. Process indtil godt blandet. Overfør blandingen til en flad arbejdsflade og form til en cylinder. Del blandingen i 6 lige store stykker og flad dem til meget tynde koteletter, ikke mere end $1/4$ tomme tykke. (For at gøre dette skal du placere hver kotelet mellem to stykker vokspapir, filmfolie eller pergamentpapir og rulle fladt med en kagerulle.)

I en stor stegepande opvarmes olien over medium varme. Tilsæt koteletterne, i portioner, hvis det er nødvendigt, dæk til og steg, indtil de er pænt brune på begge sider, 5 til 6 minutter per side. Koteletterne er nu klar til brug i opskrifter eller server med det samme, toppet med en sauce.

31. Min Kinda Meat Loaf

Gør 4 til 6 portioner

- 2 spsk olivenolie
- $^2/_3$ kop hakket løg
- 2 fed hvidløg, hakket
- 1 pund ekstra fast tofu, drænet og duppet tør
- 2 spsk ketchup

- 2 spsk tahini (sesampasta) eller cremet jordnøddesmør
- 2 spsk sojasovs
- $^1/_2$ kop malede valnødder
- 1 kop gammeldags havre
- 1 kop hvedeglutenmel (vital hvedegluten)
- 2 spsk hakket frisk persille
- $^{1/2}{}_{tsk}$ salt _
- $^{1/2}$ tsk sød $_{paprika}$
- $^1/_4$ tsk friskkværnet sort peber

Forvarm ovnen til 375°F. Olie let en 9-tommers brødform og sæt til side. I en stor stegepande opvarmes 1 spsk af olien over medium varme. Tilsæt løg og hvidløg, læg låg på, og kog indtil det er blødt, 5 minutter.

Kombiner tofu, ketchup, tahin og sojasovs i en foodprocessor, og forarbejd indtil glat. Tilsæt den reserverede løgblanding og alle de resterende ingredienser. Puls indtil godt blandet, men med lidt tekstur tilbage.

Skrab blandingen i den forberedte gryde. Tryk blandingen godt ned i gryden, og glat toppen. Bages indtil fast og gyldenbrun, cirka 1 time. Lad stå i 10 minutter før udskæring.

32. Meget vanilje fransk toast

Giver 4 portioner

1 (12-ounce) pakke fast silketofu, drænet
1 1/2 dl sojamælk -
2 spsk majsstivelse
1 spsk raps- eller vindruekerneolie
2 tsk sukker
1 1/2 tsk ren vaniljeekstrakt
1/4 tsk salt _
4 skiver daggammelt italiensk brød
Canola- eller vindruekerneolie, til stegning

Forvarm ovnen til 225°F. I en blender eller foodprocessor, kombiner tofu, sojamælk, majsstivelse, olie, sukker, vanilje og salt og blend indtil glat.

Hæld dejen i en lav skål og dyp brødet i dejen, vend så det dækker begge sider.

Opvarm et tyndt lag olie over medium varme på en bageplade eller en stor stegepande. Placer den franske toast på den varme bageplade og steg indtil gyldenbrun på begge sider, vend én gang, 3 til 4 minutter per side.

Overfør den kogte franske toast til et varmefast fad og hold den varm i ovnen, mens resten tilberedes.

33. Sesam-soja morgenmadspålæg

Gør omkring 1 kop

1/2 kop blød tofu, drænet og duppet tør
2 spsk tahini (sesampasta)
2 spsk ernæringsgær
1 spsk frisk citronsaft
2 tsk hørfrøolie
1 tsk ristet sesamolie
1/2 tsk salt

Kombiner alle ingredienserne i en blender eller foodprocessor og blend til en jævn masse. Skrab blandingen i en lille skål, dæk til og stil den på køl i flere timer for at uddybe smagen. Korrekt opbevaret holder den sig i op til 3 dage.

34. Radiatore Med Aurora Sauce

Giver 4 portioner

- 1 spsk olivenolie
- 3 fed hvidløg, hakket
- 3 grønne løg, hakket
- (28-ounce) dåse knuste tomater
- 1 tsk tørret basilikum
- ½ tsk tørret merian
- 1 tsk salt

- ¹/₄ tsk friskkværnet sort peber
- ¹/₃ kop vegansk flødeost eller drænet blød tofu
- 1 pund radiatore eller anden lille, formet pasta
- 2 spsk hakket frisk persille, til pynt

I en stor gryde varmes olien op over medium varme. Tilsæt hvidløg og grønne løg og steg indtil duft, 1 minut. Rør tomater, basilikum, merian, salt og peber i. Bring saucen i kog, reducer derefter varmen til lav og lad det simre i 15 minutter under omrøring af og til.

I foodprocessor blendes flødeosten, indtil den er glat. Tilsæt 2 kopper tomatsauce og blend indtil glat. Skrab tofu-tomatblandingen tilbage i gryden med tomatsaucen under omrøring for at blande. Smag til, juster eventuelt krydderier. Hold varmen ved lav varme.

I en stor gryde med kogende saltet vand koges pastaen over medium-høj varme, under omrøring af og til, indtil den er al dente, cirka 10 minutter. Dræn godt og kom over i en stor serveringsskål. Tilsæt saucen og vend forsigtigt sammen. Drys med persille og server med det samme.

35. Klassisk Tofu Lasagne

Giver 6 portioner

- 12 ounce lasagne nudler
- 1 pund fast tofu, drænet og smuldret
- 1 pund blød tofu, drænet og smuldret
- 2 spsk ernæringsgær
- 1 tsk frisk citronsaft
- 1 tsk salt
- $1/4$ tsk friskkværnet sort peber

- 3 spsk hakket frisk persille
- ½ kop vegansk parmesan eller parmasio
- 4 kopper marinara sauce, hjemmelavet (se Marinara sauce) eller købt i butikken

I en gryde med kogende saltet vand koger du nudlerne over medium-høj varme, mens du rører af og til, indtil de er lige al dente, cirka 7 minutter. Forvarm ovnen til 350°F. I en stor skål kombineres den faste og bløde tofus. Tilsæt næringsgær, citronsaft, salt, peber, persille og $^1/_4$ kop parmesan. Bland indtil godt blandet.

Kom et lag af tomatsaucen i bunden af 9 x 13-tommers bageform. Top med et lag af de kogte nudler. Fordel halvdelen af tofublandingen jævnt over nudlerne. Gentag med endnu et lag nudler efterfulgt af et lag sauce. Fordel den resterende tofublanding ovenpå saucen og afslut med et sidste lag nudler og sauce. Drys med den resterende 1/4 kop parmesan. Hvis der er sauce tilbage, gem den og server den varm i en skål ved siden af lasagnen.

Dæk med folie og bag i 45 minutter. Fjern låget og bag 10 minutter længere. Lad stå i 10 minutter før servering.

36. Rød Chard og Spinat Lasagne

Giver 6 portioner

- 12 ounce lasagne nudler
- 1 spsk olivenolie
- 2 fed hvidløg, hakket
- 8 ounce frisk rød chard, seje stængler fjernet og groft hakket
- 9 ounce frisk babyspinat, groft hakket
- 1 pund fast tofu, drænet og smuldret
- 1 pund blød tofu, drænet og smuldret
- 2 spsk ernæringsgær
- 1 tsk frisk citronsaft
- 2 spsk hakket frisk fladbladet persille
- 1 tsk salt
- $1/4$ tsk friskkværnet sort peber

- 3 ¹/₂ dl marinara sauce, hjemmelavet eller købt i butikken

I en gryde med kogende saltet vand koger du nudlerne over medium-høj varme, mens du rører af og til, indtil de er lige al dente, cirka 7 minutter. Forvarm ovnen til 350°F.

I en stor gryde varmes olien op over medium varme. Tilsæt hvidløg og kog indtil dufter. Tilsæt chard og kog under omrøring, indtil det er visnet, cirka 5 minutter. Tilsæt spinaten og fortsæt med at koge under omrøring, indtil den er visnet, cirka 5 minutter mere. Dæk til og kog indtil de er bløde, cirka 3 minutter. Afdæk og stil til afkøling. Når det er køligt nok til at kunne håndteres, skal du dræne eventuel resterende fugt fra greensene, trykke mod dem med en stor ske for at presse overskydende væske ud. Læg grøntsagerne i en stor skål. Tilsæt tofu'er, næringsgæren, citronsaft, persille, salt og peber. Bland indtil godt blandet.

Kom et lag af tomatsaucen i bunden af 9 x 13-tommers bageform. Top med et lag af nudlerne. Fordel halvdelen af tofublandingen jævnt over nudlerne. Gentag med endnu et lag nudler og et lag sauce. Fordel den resterende tofublanding oven på saucen og afslut med et sidste lag nudler, sauce og top med parmesan.

Dæk med folie og bag i 45 minutter. Fjern låget og bag 10 minutter længere. Lad stå i 10 minutter før servering.

37. Brændt grøntsagslasagne

Giver 6 portioner

- 1 mellemstor zucchini, skåret i $1/4$-tommers skiver
- 1 mellemstor aubergine, skåret i $1/4$-tommers skiver
- 1 mellemstor rød peberfrugt, skåret i tern
- 2 spsk olivenolie
- Salt og friskkværnet sort peber
- 8 ounce lasagne nudler

- 1 pund fast tofu, drænet, duppet tør og smuldret
- 1 pund blød tofu, drænet, duppet tør og smuldret
- 2 spsk ernæringsgær
- 2 spsk hakket frisk fladbladet persille
- 3 1/2 kopper marinara sauce, hjemmelavet (se Marinara Sauce) eller købt i butikken

Forvarm ovnen til 425°F. Fordel zucchini, aubergine og peberfrugt på en let olieret 9 x 13-tommer bradepande. Dryp med olie og smag til med salt og sort peber. Rist grøntsagerne, indtil de er bløde og let brunede, cirka 20 minutter. Tag ud af ovnen og stil til afkøling. Sænk ovntemperaturen til 350°F.

I en gryde med kogende saltet vand koger du nudlerne over medium-høj varme, mens du rører af og til, indtil de er lige al dente, cirka 7 minutter. Dræn og sæt til side. I en stor skål kombineres tofuen med næringsgæren, persille og salt og peber efter smag. Bland godt.

For at samle skal du fordele et lag tomatsauce i bunden af en 9 x 13-tommers bageform. Top saucen med et lag nudler. Top nudlerne med halvdelen af de ristede grøntsager og fordel derefter halvdelen af tofublandingen over grøntsagerne. Gentag med endnu et lag nudler, og top med mere sauce. Gentag lagdelingsprocessen med de resterende grøntsager og tofublandingen, slut med et lag nudler og sauce. Drys parmesan på toppen.

Dæk til og bag i 45 minutter. Fjern låget og bag yderligere 10 minutter. Tag ud af ovnen og lad stå i 10 minutter før skæring.

38. Lasagne med Radicchio og svampe

Giver 6 portioner

- 1 spsk olivenolie
- 2 fed hvidløg, hakket
- 1 lille hoved radicchio, strimlet
- 8 ounce cremini svampe, let skyllet, klappet tørre og tynde skiver
- Salt og friskkværnet sort peber
- 8 ounce lasagne nudler
- 1 pund fast tofu, drænet, duppet tør og smuldret
- 1 pund blød tofu, drænet, duppet tør og smuldret
- 3 spsk ernæringsgær

- 2 spsk hakket frisk persille
- 3 kopper marinara sauce, hjemmelavet (se Marinara sauce) eller købt i butikken

I en stor stegepande opvarmes olien over medium varme. Tilsæt hvidløg, radicchio og svampe. Dæk til og kog, under omrøring lejlighedsvis, indtil de er møre, cirka 10 minutter. Smag til med salt og peber og stil til side

I en gryde med kogende saltet vand koger du nudlerne over medium-høj varme, mens du rører af og til, indtil de er lige al dente, cirka 7 minutter. Dræn og sæt til side. Forvarm ovnen til 350°F.

I en stor skål kombineres den faste og bløde tofu. Tilsæt næringsgær og persille og bland, indtil det er godt blandet. Bland radicchio- og svampeblandingen i og smag til med salt og peber.

Kom et lag af tomatsaucen i bunden af 9 x 13-tommers bageform. Top med et lag af nudlerne. Fordel halvdelen af tofublandingen jævnt over nudlerne. Gentag med endnu et lag nudler efterfulgt af et lag sauce. Fordel den resterende tofublanding ovenpå og afslut med et sidste lag nudler og sauce. Drys toppen med malede valnødder.

Dæk med folie og bag i 45 minutter. Fjern låget og bag 10 minutter længere. Lad stå i 10 minutter før servering.

39. Lasagne Primavera

Gør 6 til 8 portioner

- 8 ounce lasagne nudler
- 2 spsk olivenolie
- 1 lille gult løg, hakket
- 3 fed hvidløg, hakket
- 6 ounce silketofu, drænet
- 3 kopper almindelig usødet sojamælk
- 3 spsk ernæringsgær
- 1/8 tsk stødt muskatnød
- Salt og friskkværnet sort peber
- 2 kopper hakkede broccolibuketter
- 2 mellemstore gulerødder, hakket

- 1 lille zucchini, halveret eller delt i kvarte på langs og skåret i $^1/_4$-tommers skiver
- 1 mellemstor rød peberfrugt, hakket
- 2 pund fast tofu, drænet og duppet tør
- 2 spsk hakket frisk fladbladet persille
- ½ kop vegansk parmesan eller parmasio
- $^1/_2$ kop malede mandler eller pinjekerner

Forvarm ovnen til 350°F. I en gryde med kogende saltet vand koger du nudlerne over medium-høj varme, mens du rører af og til, indtil de er lige al dente, cirka 7 minutter. Dræn og sæt til side.

I en lille stegepande opvarmes olien over medium varme. Tilsæt løg og hvidløg, læg låg på og kog indtil de er bløde, cirka 5 minutter. Overfør løgblandingen til en blender. Tilsæt silketofu, sojamælk, næringsgær, muskatnød og salt og peber efter smag. Blend indtil glat og sæt til side.

Damp broccoli, gulerødder, zucchini og peberfrugt til de er møre. Fjern fra varmen. Smuldr den faste tofu i en stor skål. Tilsæt persillen og $^1/_4$ kop parmesan og smag til med salt og peber efter smag. Bland indtil godt blandet. Rør de dampede grøntsager i og bland godt, tilsæt mere salt og peber, hvis det er nødvendigt.

Hæld et lag af den hvide sauce i bunden af let olieret 9 x 13-tommers bageform. Top med et lag af nudlerne. Fordel halvdelen af tofu- og grøntsagsblandingen jævnt over nudlerne. Gentag med endnu et lag nudler, efterfulgt af et lag sauce. Fordel den resterende tofublanding ovenpå og afslut med et sidste lag nudler og sauce, og slut med den resterende 1/4 ^{kop} parmesan. Dæk med folie og bag i 45 min

Sort bønne- og græskarlasagne

Gør 6 til 8 portioner

- 12 lasagne nudler
- 1 spsk olivenolie
- 1 mellemstor gult løg, hakket
- 1 mellemstor rød peberfrugt, hakket
- 2 fed hvidløg, hakket
- 1 $^1/_2$ kopper kogte eller 1 (15,5 ounce) dåse sorte bønner, drænet og skyllet
- (14,5 ounce) dåse knuste tomater
- 2 tsk chilipulver
- Salt og friskkværnet sort peber
- 1 pund fast tofu, godt drænet
- 3 spsk hakket frisk persille eller koriander
- 1 (16-ounce) dåse græskarpuré
- 3 kopper tomatsalsa, hjemmelavet (se frisk tomatsalsa) eller købt i butikken

I en gryde med kogende saltet vand koger du nudlerne over medium-høj varme, mens du rører af og til, indtil de er lige al dente, cirka 7 minutter. Dræn og sæt til side. Forvarm ovnen til 375°F.

I en stor stegepande opvarmes olien over medium varme. Tilsæt løget, læg låg på og kog indtil det er blødt. Tilsæt peberfrugt og hvidløg og steg indtil de er bløde, 5 minutter længere. Rør bønner, tomater, 1 tsk af chilipulveret og salt og sort peber i efter smag. Bland godt og stil til side.

I en stor skål kombineres tofu, persille, de resterende 1 tsk chilipulver og salt og sort peber efter smag. Sæt til side. Kombiner græskaret med salsaen i en mellemstor skål og rør det godt sammen. Smag til med salt og peber efter smag.

Fordel omkring ¾ kop af græskarblandingen i bunden af en 9 x 13-tommers bageform. Top med 4 af nudlerne. Top med halvdelen af bønneblandingen efterfulgt af halvdelen af tofublandingen. Top med fire af nudlerne, efterfulgt af et lag af græskarblandingen, derefter den resterende bønneblanding, toppet med de resterende nudler. Fordel den resterende tofublanding over nudlerne, efterfulgt af den resterende græskarblanding, fordel den til kanterne af gryden.

Dæk med folie og bag indtil det er varmt og boblende, cirka 50 minutter. Afdæk, drys med græskarkerner, og lad stå 10 minutter før servering.

40. Chard-fyldte Manicotti

Giver 4 portioner

- 12 manicotti
- 3 spsk olivenolie
- 1 lille løg, hakket
- 1 mellemstor bundt mangold, seje stængler trimmet og hakket
- 1 pund fast tofu, drænet og smuldret
- Salt og friskkværnet sort peber
- 1 kop rå cashewnødder

- 3 kopper almindelig usødet sojamælk
- ⅛ tsk stødt muskatnød
- ¹/₈ tsk malet cayennepepper
- 1 kop tørre, ukrydrede brødkrummer

Forvarm ovnen til 350°F. Olie let en 9 x 13-tommer bradepande og sæt til side.

I en gryde med kogende saltet vand, kog manicotti over medium-høj varme, omrør lejlighedsvis, indtil al dente, omkring 8 minutter. Dræn godt af og kør under koldt vand. Sæt til side.

I en stor stegepande opvarmes 1 spsk af olien over medium varme. Tilsæt løget, læg låg på og kog indtil det er blødt i cirka 5 minutter. Tilsæt mangold, læg låg på, og kog indtil mangold er mør, rør af og til i ca. 10 minutter. Fjern fra varmen og tilsæt tofuen under omrøring for at blande godt. Smag godt til med salt og peber og stil til side.

I en blender eller foodprocessor, mal cashewnødderne til et pulver. Tilsæt 1 ½ dl sojamælk, muskatnød, cayenne og salt efter smag. Blend indtil glat. Tilsæt de resterende 1 ¹/₂ dl sojamælk og blend indtil cremet. Smag til, juster eventuelt krydderier.

Fordel et lag af saucen på bunden af den tilberedte bradepande. Pak omkring ¹/₃ kop af manicotti fyld i manicottien. Arranger de fyldte manicotti i enkelt lag i bageformen. Hæld den resterende sauce over manicottien. I en lille skål kombineres brødkrummerne og de resterende 2 spsk olie og drysses over manicotti. Dæk med folie og bag indtil det er varmt og boblende, ca. 30 minutter. Server straks

Giver 4 portioner

- 12 manicotti
- 1 spsk olivenolie
- 2 mellemstore skalotteløg, hakket
- 2 (10-ounce) pakker frossen hakket spinat, optøet
- 1 pund ekstra fast tofu, drænet og smuldret
- $1/4$ tsk stødt muskatnød
- Salt og friskkværnet sort peber
- 1 kop ristede valnøddestykker
- 1 kop blød tofu, drænet og smuldret
- $1/4$ kop ernæringsgær _
- 2 kopper almindelig usødet sojamælk
- 1 kop tørre brødkrummer

Forvarm ovnen til 350°F. Olie let en 9 x 13-tommer bageplade. I en gryde med kogende saltet vand, kog manicotti over medium-høj varme, omrør lejlighedsvis, indtil al dente, cirka 10 minutter. Dræn godt af og kør under koldt vand. Sæt til side.

I en stor stegepande opvarmes olien over medium varme. Tilsæt skalotteløg og kog indtil de er bløde, cirka 5 minutter. Pres spinat for at fjerne så meget væske som muligt og tilsæt skalotteløgene. Smag til med muskatnød og salt og peber efter smag, og kog i 5 minutter under omrøring for at blande smag. Tilsæt den ekstra faste tofu og rør for at blande godt. Sæt til side.

I en foodprocessor forarbejdes valnødderne, indtil de er fint malet. Tilsæt den bløde tofu, næringsgær, sojamælk og salt og peber efter smag. Bearbejd indtil glat.

Fordel et lag af valnøddesaucen på bunden af den tilberedte bradepande. Fyld manicottien med farsen. Arranger de fyldte manicotti i enkelt lag i bageformen. Hæld den resterende sauce ovenpå. Dæk med folie og bag indtil det er varmt, cirka 30 minutter. Afdæk, drys med brødkrummer, og bag 10 minutter mere for at brune toppen let. Server med det samme

41. Lasagne nålehjul

Giver 4 portioner

- 12 lasagne nudler
- 4 kopper let pakket frisk spinat
- 1 kop kogte eller dåse hvide bønner, drænet og skyllet
- 1 pund fast tofu, drænet og duppet tør
- ½ tsk salt _
- ¼ tsk friskkværnet sort peber
- ⅛ tsk stødt muskatnød
- 3 kopper marinara sauce, hjemmelavet (se Marinara sauce) eller købt i butikken

Forvarm ovnen til 350°F. I en gryde med kogende saltet vand, kog nudlerne ved middelhøj varme, omrør lejlighedsvis, indtil de er lige al dente, cirka 7 minutter.

Læg spinaten i et mikroovnsfad med 1 spsk vand. Dæk til og mikroovn i 1 minut indtil visnet. Tag den ud af skålen, pres den resterende væske ud. Overfør spinaten til en foodprocessor og puls den til at hakke. Tilsæt bønner, tofu, salt og peber, og kør det godt sammen. Sæt til side.

For at samle nålehjulene skal du lægge nudlerne ud på en flad arbejdsflade. Fordel omkring 3 spiseskefulde tofu-spinatblanding på overfladen af hver nudel og rul sammen. Gentag med de resterende ingredienser. Fordel et lag af tomatsaucen i bunden af et lavt ildfast fad. Placer rullerne oprejst oven på saucen og hæld noget af den resterende sauce på hvert hjul. Dæk med folie og bag i 30 minutter. Server straks.

42. Græskarravioli med ærter

Giver 4 portioner

- 1 kop dåse græskarpuré
- $1/2$ kop ekstra fast tofu, godt drænet og smuldret
- 2 spsk hakket frisk persille
- Knip stødt muskatnød

- Salt og friskkværnet sort peber
- 1 opskrift Æggefri pastadej
- 2 eller 3 mellemstore skalotteløg, halveret på langs og skåret i $^1/_4$ tomme skiver
- 1 kop frosne babyærter, optøet

Brug et køkkenrulle til at fjerne overskydende væske fra græskarret og tofuen, og kom derefter i en foodprocessor med næringsgær, persille, muskatnød og salt og peber efter smag. Sæt til side.

For at lave ravioli skal du rulle pastadejen tyndt ud på en let meldrysset overflade. Skær dejen ud i

2 tommer brede strimler. Placer 1 dynger teskefuld fyld på 1 pastastrimmel, cirka 1 tomme fra toppen. Læg endnu en teskefuld fyld på pastastrimlen, cirka en tomme under den første skefuld fyld. Gentag i hele længden af dejstrimlen. Fugt kanterne af dejen let med vand og læg en anden stribe pasta oven på den første, der dækker fyldet. Tryk de to lag dej sammen mellem portionerne af fyldet. Brug en kniv til at trimme siderne af dejen for at gøre den lige, og skær derefter på tværs af dejen mellem hver bunke fyld for at lave firkantede ravioli. Sørg for at trykke luftlommer ud omkring fyldningen, før du lukker. Brug tænderne på en gaffel til at presse langs kanterne af dejen for at forsegle ravioli. Overfør ravioli til en meldrysset tallerken og gentag med den resterende dej og sauce. Sæt til side.

I en stor stegepande opvarmes olien over medium varme. Tilsæt skalotteløgene og kog under omrøring af og til, indtil skalotteløgene er dybt gyldenbrune, men ikke brændte, cirka 15 minutter. Rør ærterne i og smag til med salt og peber. Hold varmen ved meget lav varme.

I en stor gryde med kogende saltet vand, kog ravioli, indtil de flyder til toppen, cirka 5 minutter. Dræn godt af og kom over i gryden med skalotteløg og ærter. Kog i et minut eller to for at blande smagene, og overfør derefter til en stor serveringsskål. Smag til med masser af peber og server med det samme.

43. Kogle-valnød Ravioli

Giver 4 portioner

- $1/3$ kop plus 2 spsk olivenolie
- 3 fed hvidløg, hakket
- 1 (10-ounce) pakke frossen spinat, optøet og presset tør
- 1 kop frosne artiskokhjerter, optøet og hakket
- $1/3$ kop fast tofu, drænet og smuldret
- 1 kop ristede valnøddestykker
- ¼ kop tætpakket frisk persille
- Salt og friskkværnet sort peber
- 1 opskrift Æggefri pastadej
- 12 friske salvieblade

I en stor stegepande opvarmes 2 spsk af olien over medium varme. Tilsæt hvidløg, spinat og artiskokhjerter. Dæk til og kog indtil hvidløget er blødt og væsken absorberet, ca. 3 minutter, under omrøring af og til. Overfør blandingen til en foodprocessor. Tilsæt tofu, $1/4$ kop valnødder, persillen og salt og peber efter smag. Process indtil hakket og grundigt blandet.

Stil til side til afkøling.

For at lave ravioli skal du rulle dejen meget tyndt (ca. $1/8$ tomme) ud på en let meldrysset overflade og skær det i 2-tommer brede strimler. Placer 1 dynger teskefuld fyld på en pastastrimmel, cirka 1 tomme fra toppen. Læg endnu en teskefuld fyld på pastastrimlen, cirka 1 tomme under den første skefuld fyld. Gentag i hele længden af dejstrimlen.

Fugt kanterne af dejen let med vand og læg en anden stribe pasta oven på den første, der dækker fyldet.

Tryk de to lag dej sammen mellem portionerne af fyldet. Brug en kniv til at trimme siderne af dejen for at gøre den lige, og skær derefter på tværs af dejen mellem hver bunke fyld for at lave firkantede ravioli. Brug tænderne på en gaffel til at presse langs kanterne af dejen for at forsegle ravioli. Overfør ravioli til en meldrysset tallerken og gentag med resterende dej og fyld.

Kog ravioli i en stor gryde med kogende saltet vand, indtil de flyder til toppen, cirka 7 minutter. Dræn godt af og sæt til side. I en stor stegepande opvarmes den resterende 1/3 ^{kop} olie over middel varme. Tilføje salvie og de resterende ¾ kop valnødder og kog indtil salvie bliver sprød og valnødderne dufter.

Tilsæt den kogte ravioli og kog under forsigtigt omrøring til saucen og varm igennem. Server straks.

44. Tortellini med appelsinsauce

Giver 4 portioner

- 1 spsk olivenolie
- 3 fed hvidløg, finthakket
- 1 kop fast tofu, drænet og smuldret
- ¾ kop hakket frisk persille
- ¼ kop vegansk parmesan eller parmasio
- Salt og friskkværnet sort peber
- 1 opskrift Æggefri pastadej
- 2 ½ dl marinara sauce, hjemmelavet (se Marinara Sauce) eller købt skal af 1 appelsin
- ½ tsk stødt rød peber

- ¹/₂ kop sojaflødekande eller almindelig usødet sojamælk

I en stor stegepande opvarmes olien over medium varme. Tilsæt hvidløg og steg indtil de er bløde, cirka 1 minut. Rør tofu, persille, parmesan og salt og sort peber i efter smag. Bland indtil godt blandet. Stil til side til afkøling.

For at lave tortellini skal du rulle dejen tyndt ud (ca. ¹/₈ tomme) og skære i 2 ¹/₂-tommers firkanter. Placere

1 tsk fyld lige ved midten og fold det ene hjørne af pastafirkanten over fyldet, så det danner en trekant. Tryk kanterne sammen for at forsegle, og vikl derefter trekanten, midtpunktet nedad, omkring din pegefinger, og pres enderne sammen, så de klæber. Fold spidsen af trekanten ned og skub fingeren af. Stil til side på en let meldrysset tallerken og fortsæt med resten af dejen og fyldet.

Kombiner marinara sauce, appelsinskal og knust rød peber i en stor gryde. Opvarm til det er varmt, rør derefter sojaflødekanden i og hold det varmt ved meget lav varme.

I en gryde med kogende saltet vand koger du tortellini, indtil de flyder til toppen, cirka 5 minutter. Dræn godt og kom over i en stor serveringsskål. Tilsæt saucen og vend forsigtigt sammen. Server straks.

45. Grøntsag Lo Mein Med Tofu

Giver 4 portioner

- 12 ounce linguine
- 1 spsk ristet sesamolie
- 3 spsk sojasovs
- 2 spsk tør sherry
- 1 spsk vand
- Knib sukker
- 1 spsk majsstivelse

- 2 spsk raps- eller vindruekerneolie
- 1 pund ekstra fast tofu, drænet og skåret i tern
- 1 mellemstor løg, halveret og skåret i tynde skiver
- 3 kopper små broccolibuketter
- 1 mellemstor gulerod, skåret i $1/4$-tommers skiver
- 1 kop skåret frisk shiitake eller hvide svampe
- 2 fed hvidløg, hakket
- 2 tsk revet frisk ingefær
- 2 grønne løg, hakket

I en stor gryde med kogende saltet vand koger du linguinen under omrøring af og til, indtil den er mør, cirka 10 minutter. Dræn godt af og kom over i en skål. Tilsæt 1 tsk sesamolie og vend til belægning. Sæt til side.

I en lille skål kombineres sojasovsen, sherryen, vand, sukker og de resterende 2 tsk sesamolie. Tilsæt majsstivelsen og rør for at opløses. Sæt til side.

I en stor stegepande eller wok, opvarm 1 spsk af rapsen over medium-høj varme. Tilsæt tofuen og kog indtil den er gyldenbrun, cirka 10 minutter. Fjern fra panden og stil til side.

Genopvarm den resterende rapsolie i samme stegepande. Tilsæt løg, broccoli og gulerod og steg rundt, indtil de er møre, cirka 7 minutter. Tilsæt svampe, hvidløg, ingefær og grønne løg og steg i 2 minutter. Rør saucen og den kogte linguine i, og vend det godt sammen. Kog indtil det er gennemvarmet. Smag til, juster krydderier og tilsæt mere sojasovs, hvis det er nødvendigt. Server straks.

46. Pad Thai

Giver 4 portioner

- 12 ounce tørrede risnudler
- 1/3 kop sojasovs _
- 2 spsk frisk limesaft
- 2 spsk lys brun farin
- 1 spiseskefuld tamarindpasta (se hovednote)
- 1 spsk tomatpure
- 3 spsk vand
- 1/2 tsk stødt rød peber
- 3 spsk raps- eller vindruekerneolie
- 1 pund ekstra fast tofu, drænet, presset (se Tofu) og skåret i $^1/_2$-tommers terninger

- 4 grønne løg, hakket
- 2 fed hvidløg, hakket
- $1/3$ kop grofthakkede tørristede usaltede jordnødder
- 1 kop bønnespirer, til pynt
- 1 lime, skåret i både, til pynt

Læg nudlerne i blød i en stor skål med varmt vand, indtil de er bløde, 5 til 15 minutter, afhængigt af nudlernes tykkelse. Dræn godt af og skyl under koldt vand. Overfør de afdryppede nudler til en stor skål og stil til side.

I en lille skål kombineres sojasovsen, limesaft, sukker, tamarindpasta, tomatpasta, vand og knust rød peber. Rør for at blande godt og sæt til side.

I en stor stegepande eller wok, opvarm 2 spsk af olien over medium varme. Tilsæt tofuen og steg til den er gyldenbrun, cirka 5 minutter. Overfør til et fad og stil til side.

I samme stegepande eller wok opvarmes den resterende 1 spsk olie over medium varme. Tilsæt løget og steg i 1 minut. Tilsæt de grønne løg og hvidløg, steg rundt i 30 sekunder, tilsæt derefter den kogte tofu og steg i ca. 5 minutter, vend af og til, indtil den er gyldenbrun. Tilsæt de kogte nudler og rør rundt for at kombinere og varme igennem.

Rør saucen i og kog, vend til belægning, tilsæt et skvæt eller to ekstra vand, hvis det er nødvendigt, for at forhindre fastklæbning. Når nudlerne er varme og møre, samles de på et serveringsfad og drysses med peanuts og koriander. Pynt med bønnespirer og limebåde på siden af fadet. Serveres varm.

47. Drunken Spaghetti med Tofu

Giver 4 portioner

- 12 ounce spaghetti
- 3 spsk sojasovs
- 1 spsk vegetarisk østerssauce (valgfrit)
- 1 tsk lys brun farin
- 8 ounces ekstra fast tofu, drænet og presset (se Tofu)
- 2 spsk raps- eller vindruekerneolie
- 1 mellemstor rødløg, skåret i tynde skiver
- 1 mellemstor rød peberfrugt, skåret i tynde skiver

- 1 kop sneærter, trimmet
- 2 fed hvidløg, hakket
- ½ tsk stødt rød peber
- 1 kop friske thailandske basilikumblade

I en gryde med kogende saltet vand koges spaghettien over medium-høj varme, under omrøring af og til, indtil den er al dente, cirka 8 minutter. Dræn godt og overfør til en stor skål. I en lille skål kombineres sojasovsen, østerssauce, hvis du bruger, og sukker. Bland godt, hæld derefter på den reserverede spaghetti, vend til belægning. Sæt til side.

Skær tofuen i $^1/_2$-tommers strimler. I en stor stegepande eller wok, opvarm 1 spsk af olien over medium-høj varme. Tilsæt tofuen og kog indtil gylden, cirka 5 minutter. Fjern fra panden og stil til side.

Sæt gryden tilbage på varmen og tilsæt den resterende 1 spsk rapsolie. Tilsæt løg, peberfrugt, sneærter, hvidløg og knust rød peber. Steg til grøntsagerne er lige møre, cirka 5 minutter. Tilsæt den kogte spaghetti- og sauceblanding, den kogte tofu og basilikum, og steg til den er varm, cirka 4 minutter.

TEMPEH

1. **Spaghetti i Carbonara-stil**

Giver 4 portioner

- 2 spsk olivenolie
- 3 mellemstore skalotteløg, hakket
- 4 ounces tempeh bacon, hjemmelavet (se Tempeh Bacon) eller købt i butikken, hakket
- 1 kop almindelig usødet sojamælk
- $^1/_2$ kop blød eller silke tofu, drænet
- $^{1/4}_{kop}$ ernæringsgær _
- Salt og friskkværnet sort peber
- 1 pund spaghetti
- 3 spsk hakket frisk persille

I en stor stegepande opvarmes olien over medium varme. Tilsæt skalotteløg og kog indtil de er møre, cirka 5 minutter. Tilsæt tempeh-bacon og kog under jævnlig omrøring, indtil det er let brunet, cirka 5 minutter. Sæt til side.

I en blender kombineres sojamælk, tofu, næringsgær og salt og peber efter smag. Blend indtil glat. Sæt til side.

I en stor gryde med kogende saltet vand koges spaghettien over medium-høj varme, under omrøring af og til, indtil den er al dente, cirka 10 minutter. Dræn godt og kom over i en stor serveringsskål. Tilsæt tofublandingen, $1/4$ kop parmesan og alle undtagen 2 spiseskefulde af tempeh-baconblandingen.

Vend forsigtigt for at kombinere og smag, juster krydderier om nødvendigt, tilsæt lidt mere sojamælk, hvis det er for tørt. Top med flere formalinger af peber, den resterende tempeh-bacon, den resterende parmesan og persille. Server straks.

2. **Tempeh og grøntsagsrøre**

Giver 4 portioner

- 10 ounce tempeh
- Salt og friskkværnet sort peber
- 2 tsk majsstivelse
- 4 kopper små broccolibuketter
- 2 spsk raps- eller vindruekerneolie
- 2 spsk sojasovs
- 2 spsk vand
- 1 spsk mirin
- $1/2$ tsk stødt rød peppe
- 2 tsk ristet sesamolie
- 1 mellemstor rød peberfrugt, skåret i $1/2$-tommers skiver
- 6 ounce hvide svampe, skyllet let, klappet tørre og skåret i $1/2$-tommers skiver
- 2 fed hvidløg, hakket
- 3 spsk hakket grønne løg

- 1 tsk revet frisk ingefær

I en mellemstor gryde med kogende vand koges tempeh i 30 minutter. Dræn, dup tør og stil til side til afkøling. Skær tempeen i $1/2$-tommers terninger og læg dem i en lav skål. Smag til med salt og sort peber efter smag, drys med majsstivelse, og vend til belægning. Sæt til side.

Damp broccolien let, indtil den er næsten mør, cirka 5 minutter. Kør under koldt vand for at stoppe tilberedningen og bevare den lyse grønne farve. Sæt til side.

I en stor stegepande eller wok, opvarm 1 spsk af rapsolien over medium-høj varme. Tilsæt tempeh og steg til gyldenbrun, cirka 5 minutter. Fjern fra panden og stil til side.

Kombiner sojasovsen, vand, mirin, knust rød peber og sesamolie i en lille skål. Sæt til side.

Genopvarm den samme stegepande over medium-høj varme. Tilsæt de resterende 1 spsk rapsolie. Tilsæt peberfrugt og svampe og steg rundt, indtil det er blødt, cirka 3 minutter. Tilsæt hvidløg, grønne løg og ingefær og steg 1 minut. Tilsæt den dampede broccoli og den stegte tempeh og steg i 1 minut. Rør sojasovsblandingen i og rør rundt, indtil tempeh og grøntsagerne er varme og godt belagt med saucen. Server straks.

3. Teriyaki Tempeh

Giver 4 portioner

- 1 pund tempeh, skåret i $^1/_4$-tommer skiver
- ¼ kop frisk citronsaft
- 1 tsk hakket hvidløg
- 2 spsk hakket grønne løg
- 2 tsk revet frisk ingefær
- 1 spsk sukker
- 2 spsk ristet sesamolie
- 1 spsk majsstivelse
- 2 spsk vand
- 2 spsk raps- eller vindruekerneolie

I en mellemstor gryde med kogende vand koges tempeh i 30 minutter. Dræn og læg i et stort lavt fad. Kombiner sojasovsen, citronsaft, hvidløg, grønne løg, ingefær, sukker, sesamolie, majsstivelse og vand i en lille skål. Blend godt, og hæld derefter marinaden over den kogte tempeh, vend til pels. Mariner tempehen i 1 time.

I en stor stegepande opvarmes rapsolien over medium varme. Fjern tempeh fra marinaden, gem marinaden. Tilsæt tempeh til den varme stegepande og steg indtil gyldenbrun på begge sider, cirka 4 minutter på hver side. Tilsæt den reserverede marinade og lad det simre, indtil væsken tykner, cirka 8 minutter. Server straks.

4. **Grillet Tempeh**

Giver 4 portioner

- 1 pund tempeh, skåret i 2-tommer stænger
- 2 spsk olivenolie
- 1 mellemstor løg, hakket
- 1 mellemstor rød peberfrugt, hakket
- 2 fed hvidløg, hakket
- (14,5 ounce) dåse knuste tomater
- 2 spsk mørk melasse
- 2 spsk æblecidereddike
- spiseskefuld sojasovs
- 2 tsk krydret brun sennep
- 1 spsk sukker
- ½ tsk salt
- ¼ tsk stødt allehånde
- ¼ tsk malet cayennepeber

I en mellemstor gryde med kogende vand koges tempeh i 30 minutter. Dræn og sæt til side.

I en stor gryde varmes 1 spsk af olien op over medium varme. Tilsæt løg, peberfrugt og hvidløg. Dæk til og kog indtil de er bløde, cirka 5 minutter. Rør tomater, melasse, eddike, sojasovs, sennep, sukker, salt, allehånde og cayenne i og bring det i kog. Reducer varmen til lav og lad det simre uden låg i 20 minutter.

I en stor stegepande opvarmes den resterende 1 spsk olie over medium varme. Tilsæt tempeh og kog indtil gyldenbrun, vend én gang, cirka 10 minutter. Tilsæt nok af saucen til generøst at dække tempeh. Dæk til og lad det simre for at blande smagene, cirka 15 minutter. Server straks.

5. **Orange-Bourbon Tempeh**

Gør 4 til 6 portioner

- 2 kopper vand
- ½ kop sojasovs _
- tynde skiver frisk ingefær
- 2 fed hvidløg, skiver
- 1 pund tempeh, skåret i tynde skiver
- Salt og friskkværnet sort peber
- ¼ kop raps- eller vindruekerneolie
- 1 spsk lys brun farin
- ⅛ tsk stødt allehånde
- ⅓ kop frisk appelsinjuice
- ¼ kop bourbon eller 5 appelsinskiver, halveret
- 1 spsk majsstivelse blandet med 2 spsk vand

I en stor gryde kombineres vand, sojasovs, ingefær, hvidløg og appelsinskal. Kom tempeen i marinaden og bring det i kog. Reducer varmen til lav og lad det simre i 30 minutter. Fjern tempeh fra marinaden, gem marinaden. Drys tempeen med salt og peber efter smag. Kom melet i en lav skål. Hæld den kogte tempe i melet og stil til side.

I en stor stegepande opvarmes olien over medium varme. Tilsæt tempeh, i portioner, hvis det er nødvendigt, og steg indtil brunet på begge sider, cirka 4 minutter pr. Rør gradvist den reserverede marinade i. Tilsæt sukker, allehånde, appelsinjuice og bourbon. Top tempeen med appelsinskiverne. Dæk til og lad det simre, indtil saucen er sirupsagtig og smagene er smeltet, cirka 20 minutter.

Brug en hulske eller spatel til at fjerne tempen fra panden og overfør den til et serveringsfad. Holde varm. Tilsæt majsstivelsesblandingen til saucen og kog under omrøring for at tykne. Reducer varmen til lav og lad det simre uden låg, under konstant omrøring, indtil saucen er tyknet. Hæld saucen over tempen og server med det samme.

6. Tempeh og søde kartofler

Giver 4 portioner

- 1 pund tempeh
- 2 spsk sojasovs
- 1 tsk stødt koriander
- ½ tsk gurkemeje _
- 2 spsk olivenolie
- 3 store skalotteløg, hakket
- 1 eller 2 mellemstore søde kartofler, skrællet og skåret i ¹/₂-tommers terninger
- 2 tsk revet frisk ingefær
- 1 kop ananasjuice
- 2 tsk lys brun farin
- Saft af 1 lime

I en mellemstor gryde med kogende vand koges tempeh i 30 minutter. Overfør det til en lav skål. Tilsæt 2 spiseskefulde af sojasovsen, koriander og gurkemeje, vend til belægning. Sæt til side.

I en stor stegepande opvarmes 1 spsk af olien over medium varme. Tilsæt tempeh og steg indtil brunet på begge sider, cirka 4 minutter per side. Fjern fra panden og stil til side.

I samme stegepande opvarmes de resterende 2 spsk olie over medium varme. Tilsæt skalotteløg og søde kartofler. Dæk til og kog indtil let blødgjort og let brunet, cirka 10 minutter. Rør ingefær, ananasjuice, de resterende 1 spsk sojasauce og sukker i, under omrøring for at kombinere. Reducer varmen til lav, tilsæt den kogte tempeh, læg låg på og kog indtil kartoflerne er bløde, cirka 10 minutter. Overfør tempeh og søde kartofler til et serveringsfad og hold dem varme. Rør limesaften i saucen og lad det simre i 1 minut for at blande smagene. Dryp saucen over tempehen og server med det samme.

7. Kreolske Tempeh

Gør 4 til 6 portioner

- 1 pund tempeh, skåret i $1/4$-tommer skiver
- $1/4$ kop sojasovs _
- 2 spsk kreolsk krydderi
- $1/2$ kop universalmel _
- 2 spsk olivenolie
- 1 mellemsød gult løg, hakket
- 2 selleri ribben, hakket
- 1 mellemstor grøn peberfrugt, hakket
- 3 fed hvidløg, hakket
- 1 (14,5 ounce) dåse tomater i tern, drænet
- 1 tsk tørret timian
- $1/2$ kop tør hvidvin
- Salt og friskkværnet sort peber

Placer tempeh i en stor gryde med vand nok til at dække. Tilsæt sojasovsen og 1 spsk af det kreolske krydderi. Dæk til og lad det simre i 30 minutter. Fjern tempeh fra væsken og sæt til side, og behold væsken.

I en lav skål kombineres melet med de resterende 2 spsk kreolsk krydderi og blandes godt. Dryp tempeh i melblandingen, beklæd godt. I en stor stegepande opvarmes 1 spsk af olien over medium varme. Tilsæt den uddybede tempeh og steg indtil brunet på begge sider, cirka 4 minutter på hver side. Fjern tempeh fra panden og stil til side.

I samme stegepande opvarmes den resterende 1 spsk olie over medium varme. Tilsæt løg, selleri, peberfrugt og hvidløg. Dæk til og kog indtil grøntsagerne er bløde, cirka 10 minutter. Rør tomaterne i, og tilsæt derefter tempeh tilbage til gryden sammen med timian, vin og 1 kop af den reserverede simrende væske. Smag til med salt og peber efter smag. Bring det i kog, og kog uden låg i cirka 30 minutter for at reducere væsken og blande smagene. Server straks.

8. **Tempeh med citron og kapers**

Gør 4 til 6 portioner

- 1 pund tempeh, skåret vandret i $^1/_4$-tommers skiver
- ½ kop sojasovs _
- ½ kop universalmel _
- Salt og friskkværnet sort peber
- 2 spsk olivenolie
- 2 mellemstore skalotteløg, hakket
- 2 fed hvidløg, hakket
- 2 spsk kapers
- ½ kop tør hvidvin
- $^1/_2$ kop grøntsagsbouillon, hjemmelavet (se Let grøntsagsbouillon) eller købt i butikken
- 2 spsk vegansk margarine
- Saft af 1 citron
- 2 spsk hakket frisk persille

Placer tempeh i en stor gryde med vand nok til at dække. Tilsæt sojasovsen og lad det simre i 30 minutter. Fjern tempeh fra gryden og stil til side til afkøling. I en lav skål kombineres mel og salt og peber efter smag. Dryp tempeh i melblandingen, beklæd begge sider. Sæt til side.

I en stor stegepande opvarmes 2 spsk af olien over medium varme. Tilsæt tempeh, i portioner, hvis det er nødvendigt, og steg indtil brunet på begge sider, cirka 8 minutter i alt. Fjern tempeh fra panden og stil til side.

I samme stegepande opvarmes den resterende 1 spsk olie over medium varme. Tilsæt skalotteløg og steg ca 2 minutter. Tilsæt hvidløg, og rør derefter kapers, vin og bouillon i. Kom tempen tilbage i gryden og lad det simre i 6 til 8 minutter. Rør margarine, citronsaft og persille i under omrøring for at smelte margarinen. Server straks.

9. **Tempeh med ahorn & balsamico glasur**

Giver 4 portioner

- 1 pund tempeh, skåret i 2-tommer stænger
- 2 spsk balsamicoeddike
- 2 spsk ren ahornsirup
- 1 $^1/_2$ spsk krydret brun sennep
- 1 tsk Tabasco sauce
- 1 spsk olivenolie
- 2 fed hvidløg, hakket
- $^1/_2$ kop grøntsagsbouillon, hjemmelavet (se Let grøntsagsbouillon) eller købt Salt og friskkværnet sort peber

I en mellemstor gryde med kogende vand koges tempeh i 30 minutter. Dræn og dup tør.

Kombiner eddike, ahornsirup, sennep og Tabasco i en lille skål. Sæt til side.

I en stor stegepande opvarmes olien over medium varme. Tilsæt tempeh og steg indtil brunet på begge sider, vend én gang, cirka 4 minutter per side. Tilsæt hvidløg og steg 30 sekunder længere.

Rør bouillon og salt og peber i efter smag. Øg varmen til medium-høj og kog uden låg i cirka 3 minutter, eller indtil væsken næsten er fordampet.

Tilsæt den reserverede sennepsblanding og kog i 1 til 2 minutter, vend tempeh til at dække med saucen og glasur pænt. Pas på ikke at brænde. Server straks.

10. Fristende Tempeh Chili

Gør 4 til 6 portioner

- 1 pund tempeh
- 1 spsk olivenolie
- 1 mellemstor gult løg, hakket
- 1 mellemstor grøn peberfrugt, hakket
- 2 fed hvidløg, hakket
- spiseskefulde chilipulver
- 1 tsk tørret oregano
- 1 tsk stødt spidskommen

- (28-ounce) dåse knuste tomater
- ½ kop vand, plus mere hvis nødvendigt
- 1 ½ kopper kogte eller 1 (15,5 ounce) dåse pinto bønner, drænet og skyllet
- 1 (4-ounce) dåse hakkede milde grønne chilier, drænet
- Salt og friskkværnet sort peber
- 2 spsk hakket frisk koriander

I en mellemstor gryde med kogende vand koges tempeh i 30 minutter. Dræn og lad afkøle, og hak derefter fint og sæt til side.

I en stor gryde varmes olien op. Tilsæt løg, peberfrugt og hvidløg, læg låg på og kog indtil det er blødt, cirka 5 minutter. Tilsæt tempeh og kog uden låg, indtil den er gylden, cirka 5 minutter. Tilsæt chilipulver, oregano og spidskommen. Rør tomater, vand, bønner og chili i. Smag til med salt og sort peber efter smag. Bland godt for at kombinere.

Bring i kog, reducer derefter varmen til lav, læg låg på og lad det simre i 45 minutter, rør af og til, tilsæt lidt mere vand, hvis det er nødvendigt.

Drys med koriander og server straks.

11. Tempeh Cacciatore

Gør 4 til 6 portioner

- 1 pund tempeh, skåret i tynde skiver
- 2 spsk raps- eller vindruekerneolie
- 1 mellemstor rødløg, skåret i $^1/_2$-tommers terninger
- medium rød peberfrugt, skåret i $^1/_2$-tommers terninger
- mellemstor gulerod, skåret i $^1/_4$-tommers skiver
- 2 fed hvidløg, hakket
- 1 (28-ounce) dåse tomater i tern, drænet
- ¼ kop tør hvidvin
- 1 tsk tørret oregano
- 1 tsk tørret basilikum
- Salt og friskkværnet sort peber

I en mellemstor gryde med kogende vand koges tempeh i 30 minutter. Dræn og dup tør.

I en stor stegepande opvarmes 1 spsk af olien over medium varme. Tilsæt tempeh og steg indtil brunet på begge sider, i alt 8 til 10 minutter. Fjern fra panden og stil til side.

I samme stegepande opvarmes den resterende 1 spsk olie over medium varme. Tilsæt løg, peberfrugt, gulerod og hvidløg. Dæk til, og kog indtil de er bløde, cirka 5 minutter. Tilsæt tomater, vin, oregano, basilikum og salt og sort peber efter smag og bring det i kog. Reducer varmen til lav, tilsæt den reserverede tempeh, og lad det simre uden låg, indtil grøntsagerne er bløde og smagene er godt kombineret, cirka 30 minutter. Server straks.

12. Indonesisk tempeh i kokossovs

Gør 4 til 6 portioner

- 1 pund tempeh, skåret i $^1/_4$-tommer skiver
- 2 spsk raps- eller vindruekerneolie
- 1 mellemstor gult løg, hakket
- 3 fed hvidløg, hakket
- 1 mellemstor rød peberfrugt, hakket
- 1 mellemstor grøn peberfrugt, hakket
- 1 eller 2 små Serrano eller andre friske varme chilier, frøet og hakket
- 1 (14,5 ounce) dåse tomater i tern, drænet
- 1 (13,5 ounce) dåse usødet kokosmælk
- Salt og friskkværnet sort peber
- $^1/_2$ kop usaltede ristede jordnødder, knuste eller knuste, til pynt
- 2 spsk hakket frisk koriander, til pynt

I en mellemstor gryde med kogende vand koges tempeh i 30 minutter. Dræn og dup tør.

I en stor stegepande opvarmes 1 spsk af olien over medium varme. Tilsæt tempeh og steg indtil gyldenbrun på begge sider, cirka 10 minutter. Fjern fra panden og stil til side.

I samme stegepande opvarmes den resterende 1 spsk olie over medium varme. Tilsæt løg, hvidløg, røde og grønne peberfrugter og chili. Dæk til og kog indtil de er bløde, cirka 5 minutter. Rør tomater og kokosmælk i. Reducer varmen til lav, tilsæt den reserverede tempeh, smag til med salt og peber og lad det simre uden låg, indtil saucen er let reduceret, cirka 30 minutter. Drys med peanuts og koriander og server med det samme.

13. Ingefær-Peanut Tempeh

Giver 4 portioner

- 1 pund tempeh, skåret i $1/2$-tommers terninger
- 2 spsk raps- eller vindruekerneolie
- medium rød peberfrugt, skåret i $1/2$-tommers terninger
- 3 fed hvidløg, hakket
- lille bundt grønne løg, hakket
- 2 spsk revet frisk ingefær
- 2 spsk sojasovs
- 1 spsk sukker
- $1/4$ tsk stødt rød peber
- 1 spsk majsstivelse
- 1 kop vand
- 1 kop knuste usaltede ristede jordnødder
- 2 spsk hakket frisk koriander

I en mellemstor gryde med kogende vand koges tempeh i 30 minutter. Dræn og dup tør. I en stor stegepande eller wok varmes olien op over medium varme. Tilsæt tempeh og kog indtil let brunet, cirka 8 minutter. Tilsæt peberfrugten og steg den, indtil den er blød, cirka 5 minutter. Tilsæt hvidløg, grønne løg og ingefær og steg, indtil dufter, 1 minut.

I en lille skål kombineres sojasovsen, sukker, knust rød peber, majsstivelse og vand. Bland godt og hæld derefter i gryden. Kog, under omrøring, i 5 minutter, indtil det er let tyknet. Rør peanuts og koriander i. Server straks.

14. Tempeh med kartofler og kål

Giver 4 portioner

- 1 pund tempeh, skåret i $^1/_2$-tommers terninger
- 2 spsk raps- eller vindruekerneolie
- 1 mellemstor gult løg, hakket
- 1 mellemstor gulerod, hakket
- 1 $^1/_2$ spsk sød ungarsk paprika
- 2 mellemstore rødbrune kartofler, skrællet og skåret i $^1/_2$-tommers terninger
- 3 kopper revet kål
- 1 (14,5 ounce) dåse tomater i tern, drænet
- ¼ kop tør hvidvin
- 1 kop grøntsagsbouillon, hjemmelavet (se Let grøntsagsbouillon) eller købt Salt og friskkværnet sort peber
- $^1/_2$ kop vegansk creme fraiche, hjemmelavet (se Tofu creme fraiche) eller købt i butikken (valgfrit)

I en mellemstor gryde med kogende vand koges tempeh i 30 minutter. Dræn og dup tør.

I en stor stegepande opvarmes 1 spsk af olien over medium varme. Tilsæt tempeh og steg indtil gyldenbrun på begge sider, cirka 10 minutter. Fjern tempeh og sæt til side.

I samme stegepande opvarmes den resterende 1 spsk olie over medium varme. Tilsæt løg og gulerod, læg låg på og kog indtil de er bløde, cirka 10 minutter. Rør paprika, kartofler, kål, tomater, vin og bouillon i og bring det i kog. Smag til med salt og peber efter smag

Reducer varmen til medium, tilsæt tempeh, og lad det simre uden låg i 30 minutter, eller indtil grøntsagerne er møre, og smagene er blandet. Pisk cremefraiche i, hvis du bruger, og server straks.

15. Southern Succotash gryderet

Giver 4 portioner

- 10 ounce tempeh
- 2 spsk olivenolie
- 1 stort sødt gult løg, finthakket
- 2 mellemstore rødbrune kartofler, skrællet og skåret i $^1/_2$-tommers terninger
- 1 (14,5 ounce) dåse tomater i tern, drænet
- 1 (16 ounce) pakke frossen succotash
- 2 kopper grøntsagsbouillon, hjemmelavet (se let grøntsagsbouillon) eller købt i butikken, eller vand
- 2 spsk sojasovs
- 1 tsk tør sennep
- 1 tsk sukker
- ½ tsk tørret timian
- $^1/_2$ tsk stødt allehånde
- ¼ tsk malet cayennepeper
- Salt og friskkværnet sort peber

I en mellemstor gryde med kogende vand koges tempeh i 30 minutter. Dræn, dup tør og skær i 1-tommers terninger.

I en stor stegepande opvarmes 1 spsk af olien over medium varme. Tilsæt tempeh og steg indtil brunet på begge sider, cirka 10 minutter. Sæt til side.

I en stor gryde opvarmes den resterende 1 spsk olie over medium varme. Tilsæt løget og kog indtil det er blødt, 5 minutter. Tilsæt kartofler, gulerødder, tomater, succotash, bouillon, sojasovs, sennep, sukker, timian, allehånde og cayennepeber. Smag til med salt og peber efter smag. Bring det i kog, reducer derefter varmen til lav og tilsæt tempeh. Lad det simre, tildækket, indtil grøntsagerne er møre, under omrøring af og til, cirka 45 minutter.

Cirka 10 minutter før stuvningen er færdigkogt røres den flydende røg i. Smag til, juster eventuelt krydderier

Server straks.

16. Bagt Jambalaya gryderet

Giver 4 portioner

- 10 ounce tempeh
- 2 spsk olivenolie
- 1 mellemstor gult løg, hakket
- 1 mellemstor grøn peberfrugt, hakket
- 2 fed hvidløg, hakket
- 1 (28-ounce) dåse tomater i tern, udrænet

- ½ kop hvide ris
- 1 ½ dl grøntsagsbouillon, hjemmelavet (se Let grøntsagsbouillon) eller købt i butikken, eller vand
- 1 ½ kopper kogte eller 1 (15,5 ounce) dåse mørkerøde kidneybønner, drænet og skyllet
- 1 spsk hakket frisk persille
- 1 ½ tsk Cajun- krydderi
- 1 tsk tørret timian
- ½ tsk salt _
- ¼ tsk friskkværnet sort peber

I en mellemstor gryde med kogende vand koges tempeh i 30 minutter. Dræn og dup tør. Skær i ½ - tommers terninger. Forvarm ovnen til 350°F.

I en stor stegepande opvarmes 1 spsk af olien over medium varme. Tilsæt tempeh og steg indtil brunet på begge sider, cirka 8 minutter. Overfør tempeh til en 9 x 13-tommer bageform og sæt til side.

I samme stegepande opvarmes den resterende 1 spsk olie over medium varme. Tilsæt løg, peberfrugt og hvidløg. Dæk til og kog indtil grøntsagerne er bløde, cirka 7 minutter.

Tilsæt grøntsagsblandingen til bageformen med tempeh. Rør tomaterne med deres væske, ris, bouillon, kidneybønner, persille, Cajun-krydderi, timian, salt og sort peber. Bland godt, dæk derefter tæt og bag til risene er møre, cirka 1 time. Server straks.

17. Tempeh og sød kartoffeltærte

Giver 4 portioner

- 8 ounce tempeh
- 3 mellemstore søde kartofler, skrællet og skåret i $^1/_2$-tommers terninger
- 2 spsk vegansk margarine
- ¼ kop almindelig usødet sojamælk
- Salt og friskkværnet sort peber
- 2 spsk olivenolie
- 1 mellemstor gult løg, finthakket
- 2 mellemstore gulerødder, hakket
- 1 kop frosne ærter, optøet
- 1 kop frosne majskerner, optøet
- 1 1/2 dl svampesauce
- ½ tsk tørret timian

I en mellemstor gryde med kogende vand koges tempeh i 30 minutter. Dræn og dup tør. Hak tempeen fint og stil den til side.

Damp de søde kartofler til de er møre, cirka 20 minutter. Forvarm ovnen til 350°F. Mos de søde kartofler med margarine, sojamælk og salt og peber efter smag. Sæt til side.

I en stor stegepande opvarmes 1 spsk af olien over medium varme. Tilsæt løg og gulerødder, læg låg på og kog indtil de er bløde, cirka 10 minutter. Overfør til en 10-tommers bradepande.

I samme stegepande opvarmes den resterende 1 spsk olie over medium varme. Tilsæt tempeh og steg indtil brunet på begge sider, 8 til 10 minutter. Tilsæt tempeh til bradepanden med løg og gulerødder. Rør ærter, majs og svampesauce i. Tilsæt timian og salt og peber efter smag. Rør for at kombinere.

Fordel den mosede søde kartoffel ovenpå, brug en spatel til at fordele jævnt til kanterne af gryden. Bages indtil kartoflerne er let brunede og fyldet er varmt, cirka 40 minutter. Server straks.

18. Aubergine og Tempeh-fyldt pasta

Giver 4 portioner

- 8 ounce tempeh
- 1 mellemstor aubergine
- 12 store pastaskaller
- 1 fed hvidløg, moset
- ¼ tsk malet cayennepeber
- Salt og friskkværnet sort peber
- Tør ukrydret brødkrummer

- 3 kopper marinara sauce, hjemmelavet (se Marinara sauce) eller købt i butikken

I en mellemstor gryde med kogende vand koges tempeh i 30 minutter. Dræn og stil til afkøling.

Forvarm ovnen til 450°F. Prik auberginen med en gaffel og bag den på en let olieret bageplade, indtil den er blød, cirka 45 minutter.

Mens auberginen bager, koges pastaskallerne i en gryde med kogende saltet vand, mens der røres af og til, indtil de er al dente, cirka 7 minutter. Dræn og kør under koldt vand. Sæt til side.

Tag auberginen ud af ovnen, halver den på langs, og dræn eventuelt væske fra. Reducer ovntemperaturen til 350°F. Olie let en 9 x 13-tommer bradepande. I en foodprocessor bearbejdes hvidløget til det er fint malet. Tilsæt tempeh og puls til den er groft malet. Skrab auberginekødet fra dets skal og kom det i foodprocessoren med tempeh og hvidløg. Tilsæt cayenne, smag til med salt og peber, og pulsér for at kombinere. Hvis fyldet er løst, tilsæt lidt brødkrummer.

Fordel et lag af tomatsaucen på bunden af den tilberedte bradepande. Fyld fyldet i skallerne, indtil det er godt pakket.

Arranger skaller ovenpå saucen og hæld den resterende sauce over og omkring skallerne. Dæk med folie og bag indtil det er varmt, cirka 30 minutter. Afdæk, drys med parmesan, og bag 10 minutter længere. Server straks.

19. Singapore nudler med Tempeh

Giver 4 portioner

- 8 ounce tempeh, skåret i $1/2$-tommers terninger
- 8 ounce ris vermicelli
- 1 spsk ristet sesamolie
- 2 spsk raps- eller vindruekerneolie
- 4 spsk sojasovs
- $1/3$ kop cremet jordnøddesmør
- $1/2$ kop usødet kokosmælk
- $1/2$ kop vand _
- 1 spsk frisk citronsaft
- 1 tsk lys brun farin
- $1/2$ tsk malet cayennepepper
- 1 mellemstor rød peberfrugt, hakket

- 3 kopper revet kål
- 3 fed hvidløg
- 1 kop hakkede grønne løg
- 2 tsk revet frisk ingefær
- 1 kop frosne ærter, optøet
- Salt
- $1/4$ kop hakkede usaltede ristede jordnødder, til pynt
- 2 spsk hakket frisk koriander, til pynt

I en mellemstor gryde med kogende vand koges tempeh i 30 minutter. Dræn og dup tør. Udblød risvermicelli i en stor skål med varmt vand, indtil de er bløde, cirka 5 minutter. Dræn godt, skyl og overfør til en stor skål. Vend med sesamolie og stil til side.

I en stor stegepande opvarmes 1 spsk af rapsolien over medium-høj varme. Tilsæt kogt tempeh og kog indtil brunet på alle sider, tilsæt 1 spiseskefuld sojasovs for at tilføje farve og smag. Fjern tempeh fra panden og stil til side.

Kombiner jordnøddesmør, kokosmælk, vand, citronsaft, sukker, cayenne i en blender eller foodprocessor og de resterende 3 spsk sojasovs. Process indtil glat og sæt til side.

I en stor stegepande opvarmes den resterende 1 spsk rapsolie over medium-høj varme. Tilsæt peberfrugt, kål, hvidløg, grønne løg og ingefær og kog under omrøring af og til, indtil det er blødt, cirka 10 minutter. Reducer varmen til lav; rør ærterne, den brunede tempeh og de blødgjorte nudler i. Rør saucen i, tilsæt salt efter smag og lad det simre til det er varmt.

Overfør til en stor serveringsskål, pynt med hakkede jordnødder og koriander, og server.

20. Tempeh Bacon

Giver 4 portioner

6 ounce tempeh
2 spsk raps- eller vindruekerneolie
2 spsk sojasovs
$1/2$ tsk flydende røg

I en mellemstor gryde med kogende vand koges tempeh i 30 minutter. Stil det til side til afkøling, dup det derefter tørt og skær det i $1/8$-tommers strimler.

I en stor stegepande opvarmes olien over medium varme. Tilsæt tempeh-skiverne og steg på begge sider, indtil de er brune, cirka 3 minutter pr. side. Dryp med sojasovsen og flydende røg, pas på ikke at sprøjte. Vend tempehen til pels. Serveres varm.

21. Spaghetti og T-bolde

Giver 4 portioner

- 1 pund tempeh
- 2 eller 3 fed hvidløg, finthakket
- 3 spsk finthakket frisk persille
- 3 spsk sojasovs
- 1 spsk olivenolie, plus mere til madlavning
- ¾ kop frisk brødkrummer
- $1/3$ kop hvedeglutenmel (vital hvedegluten)
- 3 spsk ernæringsgær
- ½ tsk tørret oregano
- ½ tsk salt _
- $1/4$ tsk friskkværnet sort peber

- 1 pund spaghetti
- 3 kopper marinara sauce, hjemmelavet (se venstre) eller købt i butikken

I en mellemstor gryde med kogende vand koges tempeh i 30 minutter. Dræn godt af og skær i stykker.

Kom den kogte tempeh i en foodprocessor, tilsæt hvidløg og persille, og pulsér, til det er groft malet. Tilsæt sojasovsen, olivenolie, brødkrummer, glutenmel, gær, oregano, salt og sort peber, og puls for at kombinere, hvilket efterlader noget tekstur. Skrab tempeh-blandingen i en skål, og brug dine hænder til at ælte blandingen, indtil den er godt blandet, 1 til 2 minutter. Brug dine hænder til at rulle blandingen til små kugler, der ikke er større end 1 $\frac{1}{2}$ tomme i diameter. Gentag med den resterende tempeh-blanding.

I en let olieret stor stegepande opvarmes et tyndt lag olie over medium varme. Tilsæt T-kuglerne, i portioner om nødvendigt, og kog indtil de er brune, flyt dem i gryden efter behov for jævn bruning, 15 til 20 minutter. Alternativt kan du placere T-kuglerne på en oliebehandlet bageplade og bage ved 350°F i 25 til 30 minutter, vende én gang omkring halvvejs.

I en stor gryde med kogende saltet vand koges spaghettien over medium-høj varme, under omrøring af og til, indtil den er al dente, cirka 10 minutter.

Mens spaghettien koger, opvarmes marinarasaucen i en medium gryde ved middel varme, indtil den er varm.

Når pastaen er kogt, drænes den godt af og fordeles på 4 tallerkener eller lavvandede pastaskåle. Top hver portion med et par af T-kuglerne. Hæld saucen over T-Balls og spaghetti og server varm. Kombiner eventuelle resterende T-kugler og sauce i en serveringsskål og server.

22. Paglia E Fieno med ærter

Giver 4 portioner

- $1/3$ kop plus 1 spsk olivenolie
- 2 mellemstore skalotteløg, finthakket
- $1/4$ kop hakket tempeh bacon, hjemmelavet (se Tempeh Bacon) eller købt i butikken (valgfrit)
- Salt og friskkværnet sort peber
- 8 ounces almindelig eller fuldkornshvede linguine
- 8 ounce spinat linguine
- Vegansk parmesan eller parmasio

I en stor stegepande opvarmes 1 spsk olie over medium varme. Tilsæt skalotteløg og kog indtil de er møre, cirka 5 minutter. Tilsæt tempeh-bacon, hvis du bruger, og steg, indtil det er pænt brunet. Rør svampene i og kog indtil de er bløde, cirka 5 minutter. Smag til med salt og peber efter smag. Rør ærterne og den resterende 1/3 ^{dl} olie i. Dæk til og hold varmt ved meget lav varme.

I en stor gryde med kogende saltet vand, kog linguinen over medium-høj varme, omrør lejlighedsvis, indtil al dente, cirka 10 minutter. Dræn godt og kom over i en stor serveringsskål.

Tilsæt saucen, smag til med salt og peber og drys med parmesan. Vend forsigtigt for at kombinere og server straks.

SEITAN

23. Basic Simrede Seitan

Gør omkring 2 pund

Seitan

- 1¾ kopper hvedeglutenmel (vital hvedegluten)
- ½ tsk salt _
- ½ tsk løgpulver _
- ¼ tsk sød paprika
- 1 spsk olivenolie
- 2 spsk sojasovs
- 1 ²/₃ dl koldt vand

Simrende væske:

- 2 liter vand
- ½ kop sojasovs
- 2 fed hvidløg, knust

Lav seitanen: Kombiner hvedeglutenmel, næringsgær, salt, løgpulver og paprika i en foodprocessor. Puls for at blande. Tilsæt olie, sojasovs og vand og kør i et minut til en dej. Vend blandingen ud på en let meldrysset arbejdsflade og ælt til den er glat og elastisk, cirka 2 minutter.

Lav den simrende væske: I en stor gryde kombineres vandet, sojasovsen og hvidløget.

Del seitan-dejen i 4 lige store stykker og kom i den simrende væske. Bring lige i kog over medium-høj varme, reducer derefter varmen til medium-lav, læg låg på og lad det simre forsigtigt, vend lejlighedsvis, i 1 time. Sluk for varmen og lad seitanen køle af i væsken. Når den er afkølet, kan seitanen bruges i opskrifter eller nedkøles i væsken i en tæt lukket beholder i op til en uge eller fryses i op til 3 måneder.

24. Fyldt bagt Seitan steg

Giver 6 portioner

- 1 opskrift Basic Simrede Seitan , ukogt
- 1 spsk olivenolie
- 1 lille gult løg, hakket
- 1 selleri ribben, hakket
- ½ tsk tørret timian
- ½ tsk tørret salvie
- ½ kop vand, eller mere, hvis det er nødvendigt
- Salt og friskkværnet sort peber
- 2 kopper frisk brød tern
- ¼ kop hakket frisk persille

Læg den rå seitan på en let meldrysset arbejdsflade og stræk den ud med let meldryssede hænder, indtil den er flad og cirka $1/2$ tomme tyk. Læg den fladtrykte seitan mellem to ark plastfolie eller pergamentpapir. Brug en kagerulle til at flade den så meget som du kan (den vil være elastisk og modstandsdygtig). Top med en bageplade tynget med en liter vand eller dåsevarer og lad det hvile, mens du laver fyldet.

I en stor stegepande opvarmes olien over medium varme. Tilsæt løg og selleri. Dæk og kog indtil de er bløde, 10 minutter. Rør timian, salvie, vand og salt og peber i efter smag. Fjern fra varmen og sæt til side. Læg brødet og persillen i en stor røreskål. Tilsæt løgblandingen og blend godt, tilsæt lidt mere vand, hvis farsen er for tør. Smag til, juster eventuelt krydderier. Hvis det er nødvendigt. Sæt til side.

Forvarm ovnen til 350°F. Olie let en 9 x 13-tommer bradepande og sæt til side. Rul den fladtrykte seitan ud med en kagerulle, indtil den er cirka $1/4$ tomme tyk. Fordel fyldet over overfladen af seitan og rul den forsigtigt og jævnt sammen. Læg stegesømmen nedad i den forberedte bradepande. Gnid lidt olie på toppen og siderne af stegen og bag, tildækket i 45 minutter, afdæk derefter og bag indtil fast og blank brun, cirka 15 minutter længere.

Tag ud af ovnen og stil til side i 10 minutter, før du skærer i skiver. Brug en takket kniv til at skære den i $1/2$-tommers skiver. Bemærk: For den nemmeste udskæring, lav stegen forud og afkøl helt inden udskæring. Skær hele eller dele af stegen i skiver og opvarm derefter i ovnen, tæt tildækket, i 15 til 20 minutter før servering.

25. Seitan grydesteg

Giver 4 portioner

- 1 opskrift Basic Simrede Seitan
- 2 spsk olivenolie
- 3 til 4 mellemstore skalotteløg, halveret på langs
- 1 pund Yukon Gold kartofler, skrællet og skåret i 2-tommers stykker
- ½ tsk tørret krydret
- ¼ tsk stødt salvie
- Salt og friskkværnet sort peber
- Peberrod, til servering

Følg vejledningen for at lave Basic Simmmered Seitan, men del seitan-dejen i 2 stykker i stedet for 4 før den simrer. Når seitanen er afkølet i sin bouillon i 30 minutter, tages den ud af gryden og sættes til side. Gem kogevæsken, kassér eventuelle faste stoffer. Reserver 1 stykke seitan (ca. 1 pund) til fremtidig brug ved at placere det i en skål og dække det med noget af den reserverede madlavningsvæske. Dæk til og stil på køl indtil det skal bruges. Hvis den ikke bruges inden for 3 dage, afkøles seitanen helt, pakk den godt ind og frys den ned.

I en stor gryde varmes 1 spsk af olien op over medium varme. Tilsæt skalotteløg og gulerødder. Dæk til og kog i 5 minutter. Tilsæt kartofler, timian, salvie, salt og peber efter smag. Tilsæt 1 $^{1/2}$ kopper reserveret kogevæske og bring det i kog. Reducer varmen til lav og kog tildækket i 20 minutter.

Gnid den reserverede seitan med den resterende 1 spsk olie og paprikaen. Læg seitanen oven på de simrende grøntsager. Dæk til og fortsæt med at koge, indtil grøntsagerne er møre, cirka 20 minutter mere. Skær seitanen i tynde skiver og anret den på et stort serveringsfad omgivet af de kogte grøntsager. Server straks med peberrod ved siden af.

26. Næsten en-rets Thanksgiving-middag

Giver 6 portioner

- 2 spsk olivenolie
- 1 kop finthakket løg
- 2 selleri ribben, fint hakket
- 2 kopper skivede hvide svampe
- ½ tsk tørret timian
- ½ tsk tørret krydret
- ½ tsk stødt salvie
- Knip stødt muskatnød
- Salt og friskkværnet sort peber
- 2 kopper frisk brød tern

- 2 $^1/_2$ dl grøntsagsbouillon, hjemmelavet (se Let grøntsagsbouillon) eller købt i butikken
- $^1/_3$ kop sødede tørrede tranebær
- 8 ounce ekstra fast tofu, drænet og skåret i $^1/_4$ tommers skiver
- 8 ounce seitan, hjemmelavet eller købt i butikken, meget tynde skiver
- 2 $^1/_2$ kopper grundlæggende kartoffelmos
- 1 ark frossen butterdej, optøet

Forvarm ovnen til 400°F. Olie let en 10-tommer firkantet bradepande. I en stor stegepande opvarmes olien over medium varme. Tilsæt løg og selleri. Dæk til og kog indtil de er bløde, cirka 5 minutter. Rør svampe, timian, krydret, salvie, muskatnød og salt og peber i efter smag. Kog uden låg, indtil svampene er møre, cirka 3 minutter længere. Sæt til side.

I en stor skål kombineres brødterningerne med så meget af bouillonen som nødvendigt for at fugte (ca

1 $^{1/2}$ kopper) . Tilsæt den kogte grøntsagsblanding, valnødder og tranebær. Rør for at blande godt og sæt til side.

Bring den resterende 1 kop bouillon i kog i den samme stegepande, reducer varmen til medium, tilsæt tofuen og lad det simre uden låg, indtil bouillonen er absorberet, cirka 10 minutter. Sæt til side.

Fordel halvdelen af den tilberedte fyld i bunden af den tilberedte bradepande, efterfulgt af halvdelen af seitanen, halvdelen af tofuen og halvdelen af den brune sauce. Gentag lagdelingen med det resterende fyld, seitan, tofu og sauce.

27. Seitan Milanese med Panko og citron

Giver 4 portioner

- 2 kopper panko
- ¼ kop hakket frisk persille
- ½ tsk salt _
- ¹/₄ tsk friskkværnet sort peber
- 1 pund seitan, hjemmelavet eller købt i butikken, skåret ¹/₄ tommers skiver
- 2 spsk olivenolie
- 1 citron, skåret i tern

Forvarm ovnen til 250°F. Kombiner panko, persille, salt og peber i en stor skål. Fugt seitanen med lidt vand, og træk den i pankoblandingen.

I en stor stegepande opvarmes olien over medium-høj varme. Tilsæt seitanen og kog, vend én gang, indtil den er gyldenbrun, arbejd i portioner, hvis det er nødvendigt. Overfør den kogte seitan til en bageplade og hold den varm i ovnen, mens du tilbereder resten. Server straks med citronbåde.

28. Seitan med sesamskorpe

Giver 4 portioner

- $1/3$ kop sesamfrø _
- $1/3$ kop universalmel _
- $1/2$ tsk salt _
- $1/4$ tsk friskkværnet sort peber
- $1/2$ kop almindelig usødet sojamælk
- 1 pund seitan, hjemmelavet eller købt seitan, skåret i $1/4$ tommers skiver
- 2 spsk olivenolie

Placer sesamfrøene i en tør stegepande over medium varme og rist, indtil de er lyse gyldne, under konstant omrøring, 3 til 4 minutter. Stil dem til afkøling, og kværn dem derefter i en foodprocessor eller krydderikværn.

Læg de malede sesamfrø i en lav skål og tilsæt mel, salt og peber og bland godt. Kom sojamælken i en lav skål. Dyp seitanen i sojamælken, og drej den derefter i sesamblandingen.

I en stor stegepande opvarmes olien over medium varme. Tilsæt seitanen, i portioner, hvis det er nødvendigt, og kog indtil de er sprøde og gyldenbrune på begge sider, cirka 10 minutter. Server straks.

29. Seitan med artiskokker og oliven

Giver 4 portioner

- 2 spsk olivenolie
- 1 pund seitan, hjemmelavet eller købt i butikken, skåret i $^1/_4$-tommers skiver
- 2 fed hvidløg, hakket
- 1 (14,5 ounce) dåse tomater i tern, drænet
- 1 $^1/_2$ kopper dåse eller frosne (kogte) artiskokhjerter, skåret i $^1/_4$-tommers skiver
- 1 spsk kapers
- 2 spsk hakket frisk persille
- Salt og friskkværnet sort peber
- 1 kop Tofu Feta (valgfrit)

Forvarm ovnen til 250°F. I en stor stegepande opvarmes 1 spsk af olien over medium-høj varme. Tilsæt seitan og brun på begge sider, cirka 5 minutter. Overfør seitanen til et varmefast fad og hold den varm i ovnen.

I samme stegepande opvarmes den resterende 1 spsk olie over medium varme. Tilsæt hvidløg og kog indtil dufter, cirka 30 sekunder. Tilsæt tomater, artiskokhjerter, oliven, kapers og persille. Smag til med salt og peber efter smag og kog indtil det er varmt, cirka 5 minutter. Sæt til side.

Læg seitanen på et serveringsfad, top med grøntsagsblandingen, og drys med tofu feta, hvis du bruger. Server straks.

30. Seitan Med Ancho-Chipotle Sauce

Giver 4 portioner

- 2 spsk olivenolie
- 1 mellemstor løg, hakket
- 2 mellemstore gulerødder, hakket
- 2 fed hvidløg, hakket
- 1 (28-ounce) dåse knuste ildstegte tomater
- $1/2$ kop grøntsagsbouillon, hjemmelavet (se Let grøntsagsbouillon) eller købt i butikken
- 2 tørrede ancho chili
- 1 tørret chipotle chili

- $1/2$ kop gul majsmel
- $1/2$ tsk salt _
- $1/4$ tsk friskkværnet sort peber
- 1 pund seitan, hjemmelavet eller købt i butikken, skåret i $1/4$ tommers skiver

I en stor gryde varmes 1 spsk af olien op over medium varme. Tilsæt løg og gulerødder, læg låg på og steg i 7 minutter. Tilsæt hvidløg og steg 1 minut. Rør tomater, bouillon og ancho og chipotle chili i. Lad det simre uden låg i 45 minutter, hæld derefter saucen i en blender og blend indtil glat. Kom tilbage i gryden og hold den varm ved meget lav varme.

I en lav skål kombineres majsmel med salt og peber. Dryp seitanen i majsmelblandingen, og beklæd den jævnt.

I en stor stegepande opvarmes de 2 resterende spsk olie over medium varme. Tilsæt seitanen og steg, indtil den er brunet på begge sider, cirka 8 minutter i alt. Server straks med chilisauce.

31. Seitan Piccata

Giver 4 portioner

- 1 pund seitan, hjemmelavet eller købt i butikken, skåret i $1/4$ tommers skiver Salt og friskkværnet sort peber
- $1/2$ kop universalmel _
- 2 spsk olivenolie
- 1 mellemstor skalotteløg, hakket
- 2 fed hvidløg, hakket
- 2 spsk kapers
- $1/3$ kop hvidvin _
- $1/3$ kop grøntsagsbouillon, hjemmelavet (se Let grøntsagsbouillon) eller købt i butikken
- 2 spsk frisk citronsaft
- 2 spsk vegansk margarine
- 2 spsk hakket frisk persille

Forvarm ovnen til 275°F. Smag seitanen til med salt og peber efter smag og kom melet i.

I en stor stegepande opvarmes 2 spsk af olien over medium varme. Tilsæt den uddybede seitan og steg indtil let brunet på begge sider, cirka 10 minutter. Overfør seitanen til et varmefast fad og hold den varm i ovnen.

I samme stegepande opvarmes den resterende 1 spsk olie over medium varme. Tilsæt skalotteløg og hvidløg, kog i 2 minutter, og rør derefter kapers, vin og bouillon i. Lad det simre i et minut eller to for at reducere lidt, og tilsæt derefter citronsaft, margarine og persille under omrøring, indtil margarinen er blandet ind i saucen. Hæld saucen over den brunede seitan og server med det samme.

32. Tre-frø Seitan

Giver 4 portioner

- ¼ kop usaltede afskallede solsikkefrø
- ¼ kop usaltede afskallede græskarkerner (pepitas)
- ¼ kop sesamfrø _
- ¾ kop universalmel
- 1 tsk stødt koriander
- 1 tsk røget paprika
- ½ tsk salt _
- ¼ tsk friskkværnet sort peber
- 1 pund seitan, hjemmelavet eller købt i butikken, skåret i mundrette stykker
- 2 spsk olivenolie

Kombiner solsikkekerner, græskarkerner og sesamfrø i en foodprocessor og kværn til et pulver. Overfør til en lav skål, tilsæt mel, koriander, paprika, salt og peber, og rør for at kombinere.

Fugt seitan-stykkerne med vand, og drej derefter frøblandingen i, så de er helt dækket.

I en stor stegepande opvarmes olien over medium varme. Tilsæt seitanen og kog indtil den er let brunet og sprød på begge sider. Server straks.

33. Fajitas uden grænser

Giver 4 portioner

- 1 spsk olivenolie
- 1 lille rødløg, hakket
- 10 ounce seitan, hjemmelavet eller købt i butikken, skåret i $^1/_2$-tommers strimler
- $^{1/4}$ $_{\text{kop varm}}$ eller mild hakket grøn chili på dåse
- Salt og friskkværnet sort peber
- (10-tommer) blødt mel tortillas
- 2 kopper tomatsalsa, hjemmelavet (se frisk tomatsalsa) eller købt i butikken

I en stor stegepande opvarmes olien over medium varme. Tilsæt løget, læg låg på og kog indtil det er blødt, cirka 7 minutter. Tilsæt seitanen og kog uden låg i 5 minutter.

Tilsæt søde kartofler, chili, oregano og salt og peber efter smag, rør for at blande godt. Fortsæt med at koge, indtil blandingen er varm, og smagene er godt kombineret, under omrøring af og til i cirka 7 minutter.

Lun tortillaerne i en tør stegepande. Læg hver tortilla i en lav skål. Hæld seitan- og sød kartoffelblandingen i tortillaerne, og top hver med ca. 1/3 ^{kop} af salsaen. Drys hver skål med 1 spsk af oliven, evt. Server straks, med eventuel resterende salsa serveret ved siden af.

34. Seitan med Green Apple Relish

Giver 4 portioner

- 2 Granny Smith æbler, groft hakkede
- $1/2$ kop finthakket rødløg
- $1/2$ jalapeño chile, frøet og hakket
- $1 \, 1/2$ tsk revet frisk ingefær
- 2 spsk frisk limesaft
- 2 tsk agave nektar
- Salt og friskkværnet sort peber
- 2 spsk olivenolie
- 1 pund seitan, hjemmelavet eller købt i butikken, skåret i $1/2$-tommers skiver

I en mellemstor skål kombineres æbler, løg, chili, ingefær, limesaft, agavenektar og salt og peber efter smag. Sæt til side.

Varm olien op i en gryde ved middel varme. Tilsæt seitanen og steg, indtil den er brunet på begge sider, vend én gang, cirka 4 minutter pr. side. Smag til med salt og peber efter smag. Tilsæt æblejuice og kog i et minut, indtil det reducerer. Server straks med æblesmag.

35. Seitan og Broccoli-Shiitake Stir-Fry

Giver 4 portioner

- 2 spsk raps- eller vindruekerneolie
- 10 ounce seitan, hjemmelavet eller købt i butikken, skåret i $^1/_4$-tommers skiver
- 3 fed hvidløg, hakket
- 2 tsk revet frisk ingefær
- grønne løg, hakket
- 1 mellemstor bundt broccoli, skåret i 1-tommers buketter
- 3 spsk sojasovs
- 2 spsk tør sherry
- 1 tsk ristet sesamolie
- 1 spsk ristede sesamfrø

I en stor stegepande opvarmes 1 spsk af olien over medium-høj varme. Tilsæt seitanen og kog under omrøring af og til, indtil den er let brunet, cirka 3 minutter. Overfør seitanen til en skål og stil til side.

I samme stegepande opvarmes den resterende 1 spsk olie over medium-høj varme. Tilsæt svampene og kog under jævnlig omrøring, indtil de er brune, cirka 3 minutter. Rør hvidløg, ingefær og grønne løg i og kog 30 sekunder længere. Tilsæt svampeblandingen til den kogte seitan og stil til side.

Tilsæt broccoli og vand til den samme stegepande. Dæk til og kog indtil broccolien begynder at blive lysegrøn, cirka 3 minutter. Afdæk og kog under jævnlig omrøring, indtil væsken fordamper, og broccolien er sprød-mør, cirka 3 minutter længere.

Kom seitan- og svampeblandingen tilbage i gryden. Tilsæt sojasovsen og sherryen og rør rundt, indtil seitanen og grøntsagerne er varme, cirka 3 minutter. Drys med sesamolie og sesamfrø og server med det samme.

36. Seitan brochetter med ferskner

Giver 4 portioner

- $1/3$ kop balsamicoeddike _
- 2 spsk tør rødvin
- 2 spsk lys brun farin
- $1/4$ kop hakket frisk basilikum
- $1/4$ kop hakket frisk merian
- 2 spsk hakket hvidløg
- 2 spsk olivenolie
- 1 pund seitan, hjemmelavet eller købt i butikken, skåret i 1-tommers bidder
- skalotteløg, halveret på langs og blancheret
- Salt og friskkværnet sort peber
- 2 modne ferskner, udstenede og skåret i 1-tommers stykker

Kom eddike, vin og sukker i en lille gryde og bring det i kog. Reducer varmen til medium og lad det simre under omrøring, indtil det er halveret, cirka 15 minutter. Fjern fra varmen.

I en stor skål kombineres basilikum, merian, hvidløg og olivenolie. Tilsæt seitan, skalotteløg og ferskner, og vend til belægning. Smag til med salt og peber efter smag

Forvarm grillen. *Tråd seitan, skalotteløg og ferskner på spyddene og pensl med balsamicoblandingen.

Læg brochetterne på grillen og steg, indtil seitanen og ferskerne er grillede, cirka 3 minutter på hver side. Pensl med den resterende balsamicoblanding og server med det samme.

*I stedet for at grille kan du lægge disse brochetter under slagtekyllingen. Steg 4 til 5 inches fra varmen, indtil den er varm og let brunet rundt om kanterne, cirka 10 minutter, vend en gang halvvejs igennem.

37. Grillede Seitan og grøntsagskabobs

Giver 4 portioner

- $1/3$ kop balsamicoeddike _
- 2 spsk olivenolie
- 1 spsk hakket frisk oregano eller 1 tsk tørret
- 2 fed hvidløg, hakket
- $1/2$ tsk salt _
- $1/4$ tsk friskkværnet sort peber
- 1 pund seitan, hjemmelavet eller købt i butikken, skåret i 1-tommers terninger
- 7 ounce små hvide svampe, let skyllet og duppet tørre
- 2 små zucchini, skåret i 1-tommers stykker
- 1 mellemstor gul peberfrugt, skåret i 1-tommers firkanter
- modne cherrytomater

Kombiner eddike, olie, oregano, timian, hvidløg, salt og sort peber i en mellemstor skål. Tilsæt seitan, svampe, zucchini, peberfrugt og tomater, vend til pels. Mariner ved stuetemperatur i 30 minutter, vend af og til. Dræn seitanen og grøntsagerne, behold marinaden.

Forvarm grillen. *Træk seitan, svampe og tomater på spyd.

Placer spyddene på den varme grill og kog, vend kabobs én gang halvvejs gennem grillningen, cirka 10 minutter i alt. Dryp med en lille mængde af den reserverede marinade og server straks.

*I stedet for at grille kan du sætte disse spyd under slagtekyllingen. Steg 4 til 5 inches fra varmen, indtil den er varm og let brunet rundt om kanterne, cirka 10 minutter, vend en gang halvvejs gennem stegningen.

38. Seitan En Croute

Giver 4 portioner

- 1 spsk olivenolie
- 2 mellemstore skalotteløg, hakket
- ounce hvide svampe, hakket
- ¼ kop Madeira _
- 1 spsk hakket frisk persille
- ½ tsk tørret timian
- ½ tsk tørret krydret
- 2 kopper finthakkede tørre brødterninger
- Salt og friskkværnet sort peber
- 1 frossen butterdejsplade, optøet
- (¼ tomme tykke) seitan skiver omkring 3 X 4 tommer ovaler eller rektangler, tørret

I en stor stegepande opvarmes olien over medium varme. Tilsæt skalotteløg og kog indtil de er bløde, cirka 3 minutter. Tilsæt svampene og kog under omrøring af og til, indtil svampene er bløde, cirka 5 minutter. Tilsæt Madiera, persille, timian og salte og kog indtil væsken næsten er fordampet. Rør brødterningerne i og smag til med salt og peber. Stil til side til afkøling.

Læg butterdejspladen på et stort stykke plastfilm på en flad arbejdsflade. Top med endnu et stykke plastfolie og brug en kagerulle til at rulle dejen lidt ud for at glatte ud. Skær dejen i kvarte. Læg 1 skive seitan i midten af hvert stykke wienerbrød. Fordel fyldet mellem dem, fordel det, så det dækker seitanen. Top hver med de resterende seitan-skiver. Fold dejen op for at omslutte fyldet, krymp kanterne med fingrene for at forsegle. Læg wienerbrødspakkerne med sømsiden nedad på en stor, usmurt bageplade og stil dem på køl i 30 minutter. Forvarm ovnen til 400°F. Bages indtil skorpen er gyldenbrun, cirka 20 minutter. Server straks.

39. Seitan og kartoffel Torta

Giver 6 portioner

- 2 spsk olivenolie
- 1 mellemstor gult løg, hakket
- 4 kopper hakket frisk babyspinat eller opstammet chard
- 8 ounce seitan, hjemmelavet eller købt i butikken, finthakket
- 1 tsk hakket frisk merian
- $1/2$ tsk stødt fennikelfrø
- $1/4$ til $1/2$ tsk stødt rød peber
- Salt og friskkværnet sort peber
- 2 pund Yukon Gold kartofler, skrællet og skåret i $1/4$-tommers skiver
- 1/2 kop vegansk parmesan eller parmasio

Forvarm ovnen til 400°F. Olie let en 3-quart gryderet eller 9 x 13-tommer bradepande og sæt til side.

I en stor stegepande opvarmes 1 spsk olie over medium varme. Tilsæt løget, læg låg på og kog indtil det er blødt, cirka 7 minutter. Tilsæt spinaten og kog uden låg, indtil den er visnet, cirka 3 minutter. Rør seitan, merian, fennikelfrø og knust rød peber i, og kog indtil det er godt blandet. Smag til med salt og peber efter smag. Sæt til side.

Fordel tomatskiverne i bunden af den forberedte gryde. Top med et lag af let overlappende kartoffelskiver. Pensl kartoffellagen med noget af de resterende 1 spsk olie og smag til med salt og peber. Fordel cirka halvdelen af seitan- og spinatblandingen over kartoflerne. Top med endnu et lag kartofler, efterfulgt af den resterende seitan og spinatblanding. Top med et sidste lag kartofler, dryp med den resterende olie og salt og peber efter smag. Drys med parmesan. Dæk til og bag, indtil kartoflerne er møre, 45 minutter til 1 time. Afdæk og fortsæt med at bage for at brune toppen, 10 til 15 minutter. Server straks.

40. Rustik Cottage Pie

Gør 4 til 6 portioner

- Yukon Gold kartofler, skrællet og skåret i 1-tommers terninger
- 2 spsk vegansk margarine
- ¼ kop almindelig usødet sojamælk
- Salt og friskkværnet sort peber
- 1 spsk olivenolie

- 1 mellemstor gult løg, finthakket
- 1 mellemstor gulerod, finthakket
- 1 selleri ribben, finthakket
- ounce seitan, hjemmelavet eller købt i butikken, finthakket
- 1 kop frosne ærter
- 1 kop frosne majskerner
- 1 tsk tørret krydret
- ½ tsk tørret timian

I en gryde med kogende saltet vand koges kartoflerne møre, 15 til 20 minutter. Dræn godt af og kom tilbage i gryden. Tilsæt margarine, sojamælk og salt og peber efter smag. Mos groft med en kartoffelmoser og stil til side. Forvarm ovnen til 350°F.

I en stor stegepande opvarmes olien over medium varme. Tilsæt løg, gulerod og selleri. Dæk til og kog indtil de er møre, cirka 10 minutter. Overfør grøntsagerne til en 9 x 13-tommer bradepande. Rør seitan, svampesauce, ærter, majs, krydret og timian i. Smag til med salt og peber og fordel blandingen jævnt i bradepanden.

Top med kartoffelmos, fordel til kanterne af bradepanden. Bages indtil kartoflerne er brune og fyldet er boblende, cirka 45 minutter. Server straks.

41. Seitan med spinat og tomater

Giver 4 portioner

- 2 spsk olivenolie
- 1 pund seitan, hjemmelavet eller købt i butikken, skåret i $1/4$-tommers strimler
- Salt og friskkværnet sort peber
- 3 fed hvidløg, hakket
- 4 kopper frisk babyspinat
- oliefyldte soltørrede tomater, skåret i $1/4$-tommers strimler
- $1/2$ kop udstenede Kalamata-oliven, halveret
- 1 spsk kapers
- $1/4$ tsk stødt rød peber

I en stor stegepande opvarmes olien over medium varme. Tilsæt seitanen, smag til med salt og sort peber, og kog indtil den er brunet, cirka 5 minutter på hver side.

Tilsæt hvidløg og steg i 1 minut for at blive blødt. Tilsæt spinaten og kog indtil den er visnet, cirka 3 minutter. Rør tomater, oliven, kapers og knust rød peber i. Smag til med salt og sort peber efter smag. Kog under omrøring, indtil smagene er blandet, cirka 5 minutter

Server straks.

42. Seitan og kammuslede kartofler

Giver 4 portioner

- 2 spsk olivenolie
- 1 lille gult løg, hakket
- ¼ kop hakket grøn peberfrugt
- store Yukon Gold-kartofler, skrællet og skåret i $1/4$-tommers skiver
- ½ tsk salt _
- $1/4$ tsk friskkværnet sort peber
- 10 ounce seitan, hjemmelavet eller købt i butikken, hakket
- $1/2$ kop almindelig usødet sojamælk
- 1 spsk vegansk margarine
- 2 spsk hakket frisk persille, som pynt

Forvarm ovnen til 350°F. Olie let en 10-tommer firkantet bradepande og sæt til side.

I en stegepande opvarmes olien over medium varme. Tilsæt løg og peberfrugt og kog indtil de er møre, cirka 7 minutter. Sæt til side.

I den forberedte bradepande lægges halvdelen af kartoflerne i lag og drysses med salt og sort peber efter smag. Drys løg- og peberblandingen og den hakkede seitan oven på kartoflerne. Top med de resterende kartoffelskiver og smag til med salt og sort peber.

I en mellemstor skål kombineres den brune sauce og sojamælk, indtil det er godt blandet. Hæld over kartoflerne. Prik det øverste lag med margarine og dæk tæt med folie. Bages i 1 time. Fjern folien og bag i yderligere 20 minutter, eller indtil toppen er gyldenbrun. Server straks drysset med persillen.

43. Koreansk nudelrøre

Giver 4 portioner

- 8 ounce dang myun eller bønnetråd nudler
- 2 spsk ristet sesamolie
- 1 spsk sukker
- ¼ tsk salt
- ¼ tsk malet cayennepeper
- 2 spsk raps- eller vindruekerneolie
- 8 ounce seitan, hjemmelavet eller købt i butikken, skåret i ¼-tommer strimler
- 1 mellemstor løg, halveret på langs og skåret i tynde skiver
- 1 mellemstor gulerod, skåret i tynde tændstik
- 6 ounce friske shiitakesvampe, opstammet og skåret i tynde skiver
- 3 kopper fint skåret bok choy eller anden asiatisk kål
- 3 grønne løg, hakket

- 3 fed hvidløg, finthakket
- 1 kop bønnespirer
- 2 spsk sesamfrø, til pynt

Læg nudlerne i blød i varmt vand i 15 minutter. Dræn og skyl under koldt vand. Sæt til side.

Kombiner sojasovsen, sesamolie, sukker, salt og cayenne i en lille skål og sæt til side.

I en stor stegepande opvarmes 1 spsk af olien over medium-høj varme. Tilsæt seitanen og steg, indtil den er brunet, cirka 2 minutter. Fjern fra panden og stil til side.

Tilsæt de resterende 1 spsk rapsolie til den samme stegepande og opvarm over medium-høj varme. Tilsæt løg og gulerod og steg til det er blødt, cirka 3 minutter. Tilsæt svampe, bok choy, grønne løg og hvidløg og steg, indtil de er bløde, cirka 3 minutter.

Tilsæt bønnespirerne og steg i 30 sekunder, tilsæt derefter de kogte nudler, brunet seitan og sojasovsblandingen og rør til belægning. Fortsæt med at lave mad, omrør lejlighedsvis, indtil ingredienserne er varme og godt blandet, 3 til 5 minutter. Overfør til et stort serveringsfad, drys med sesamfrø og server straks.

44. Jerk-krydret Red Bean Chili

Giver 4 portioner

- 1 spsk olivenolie
- 1 mellemstor løg, hakket
- 10 ounce seitan, hjemmelavet eller købt i butikken, hakket
- 3 kopper kogte eller 2 (15,5 ounce) dåser mørkerøde kidneybønner, drænet og skyllet
- (14,5 ounce) dåse knuste tomater
- (14,5-ounce) dåse tomater i tern, drænet
- (4-ounce) kan hakket mild eller varm grøn chili, drænet
- $^1/_2$ kop barbecue sauce, hjemmelavet eller købt i butikken
- 1 kop vand
- 1 spsk sojasovs
- 1 spsk chilipulver
- 1 tsk stødt spidskommen
- 1 tsk stødt allehånde

- 1 tsk sukker
- ½ tsk malet oregano
- ¼ tsk malet cayennepeper
- ½ tsk salt
- ¼ tsk friskkværnet sort peber

I en stor gryde varmes olien op over medium varme. Tilsæt løg og seitan. Dæk til og steg, indtil løget er blødt, cirka 10 minutter.

Rør kidneybønner, knuste tomater, hakkede tomater og chili i. Rør barbecuesaucen, vand, sojasovs, chilipulver, spidskommen, allehånde, sukker, oregano, cayennepeber, salt og sort peber i.

Bring det i kog, reducer derefter varmen til medium og lad det simre under låg, indtil grøntsagerne er møre, cirka 45 minutter. Tag låget af og lad det simre i cirka 10 minutter længere. Server straks.

45. Efterårs medley gryderet

Gør 4 til 6 portioner

- 2 spsk olivenolie
- 10 ounce seitan, hjemmelavet eller købt i butikken, skåret i 1-tommers terninger
- Salt og friskkværnet sort peber
- 1 stort gult løg, hakket
- 2 fed hvidløg, hakket
- 1 stor rødbrun kartoffel, skrællet og skåret i $^1/_2$-tommers terninger
- 1 mellemstor pastinak, skåret i $^1/_4$-tommers terninger hakket
- 1 lille butternut squash, skrællet, halveret, frøet og skåret i $^1/_2$-tommers terninger
- 1 lille savoykålhoved, hakket
- 1 (14,5 ounce) dåse tomater i tern, drænet
- 1 $^1/_2$ kopper kogte eller 1 (15,5 ounce) dåse kikærter, drænet og skyllet

- 2 kopper grøntsagsbouillon, hjemmelavet (se let grøntsagsbouillon) eller købt i butikken, eller vand
- ½ tsk tørret merian
- ½ tsk tørret timian
- ½ kop smuldret englehårspasta

I en stor stegepande opvarmes 1 spsk af olien over medium-høj varme. Tilsæt seitanen og steg, indtil den er brunet på alle sider, cirka 5 minutter. Smag til med salt og peber og stil til side.

I en stor gryde opvarmes den resterende 1 spsk olie over medium varme. Tilsæt løg og hvidløg. Dæk til og kog indtil de er bløde, cirka 5 minutter. Tilsæt kartoffel, gulerod, pastinak og squash. Dæk til og kog indtil de er bløde, cirka 10 minutter.

Rør kål, tomater, kikærter, bouillon, vin, merian, timian og salt og peber i. Bring i kog, og reducer derefter varmen til lav. Dæk til og kog under omrøring af og til, indtil grøntsagerne er møre, cirka 45 minutter. Tilsæt den kogte seitan og pastaen og lad det simre indtil pastaen er mør og smagene er blandet, cirka 10 minutter længere. Server straks.

46. Italiensk ris med Seitan

Giver 4 portioner

- 2 kopper vand
- 1 kop langkornet brun eller hvid ris
- 2 spsk olivenolie
- 1 mellemstor gult løg, hakket
- 2 fed hvidløg, hakket
- 10 ounce seitan, hjemmelavet eller købt i butikken, hakket
- 4 ounce hvide svampe, hakket
- 1 tsk tørret basilikum
- $1/2$ tsk stødt fennikelfrø
- $1/4$ tsk stødt rød peber
- Salt og friskkværnet sort peber

I en stor gryde bringes vandet i kog over høj varme. Tilsæt risene, reducer varmen til lav, dæk til og kog indtil de er møre, cirka 30 minutter.

I en stor stegepande opvarmes olien over medium varme. Tilsæt løget, læg låg på og kog indtil det er blødt, cirka 5 minutter. Tilsæt seitanen og kog uden låg, indtil den er brunet. Rør svampene i og kog indtil de er møre, cirka 5 minutter længere. Rør basilikum, fennikel, knust rød peber og salt og sort peber efter smag.

Overfør de kogte ris til en stor serveringsskål. Rør seitanblandingen i og bland grundigt. Tilsæt en generøs mængde sort peber og server med det samme.

47. To-kartoffelhash

Giver 4 portioner

- 2 spsk olivenolie
- 1 mellemstor rødløg, hakket
- 1 mellemstor rød eller gul peberfrugt, hakket
- 1 kogt mellemstor rødbrun kartoffel, skrællet og skåret i 1/2-tommers terninger
- 1 kogt medium sød kartoffel, skrællet og skåret i 1/2-tommers terninger
- 2 kopper hakket seitan, hjemmelavet
- Salt og friskkværnet sort peber

48. I en stor stegepande opvarmes olien over medium varme. Tilsæt løg og peberfrugt. Dæk til og kog indtil de er bløde, cirka 7 minutter.

49. Tilsæt den hvide kartoffel, sød kartoffel og seitan og smag til med salt og peber. Kog, uden låg, indtil let brunet, omrør ofte, cirka 10 minutter. Serveres varm.

48. Creme fraiche Seitan Enchiladas

SERVER 8
INGREDIENSER

Seitan

- 1 kop vital hvedeglutenmel
- 1/4 kop kikærtemel
- 1/4 kop ernæringsgær
- 1 tsk løgpulver
- 1/2 tsk hvidløgspulver
- 1 1/2 tsk vegetabilsk bouillonpulver
- 1/2 kop vand
- 2 spsk friskpresset citronsaft
- 2 spsk sojasovs
- 2 dl grøntsagsbouillon

creme fraiche sauce
- 2 spsk vegansk margarine

- 2 spsk mel
- 1 1/2 dl grøntsagsbouillon
- 2 (8 oz) kartoner vegansk creme fraiche
- 1 kop salsa verde (tomatillo salsa)
- 1/2 tsk salt
- 1/2 tsk kværnet hvid peber
- 1/4 kop hakket koriander

Enchiladas

- 2 spsk olivenolie
- 1/2 mellemstor løg, i tern
- 2 fed hvidløg, hakket
- 2 serrano chili, hakket (se tip)
- 1/4 kop tomatpure
- 1/4 kop vand
- 1 spsk spidskommen
- 2 spsk chilipulver
- 1 tsk salt
- 15-20 majstortillas
- 1 (8 oz) pakke Daiya Cheddar Style Shreds
- 1/2 kop hakket koriander

METODE

a) Forbered seitanen. Forvarm ovnen til 325 grader Fahrenheit. Smør let en ildfast fad med låg med non-stick spray. Bland mel, næringsgær, krydderier og grøntsagsfond i en stor skål. Bland vand, citronsaft og sojasovs i en lille skål. Tilsæt de våde ingredienser til de tørre ingredienser og rør indtil en dej dannes. Juster mængden af vand eller gluten efter behov (se tip). Ælt dejen i 5 minutter, og form derefter til et brød. Læg seitanen i ildfastfadet og dæk med 2 kopper grøntsagsbouillon. Dæk til og kog i 40 minutter. Vend brødet, læg låg på og kog i yderligere 40 minutter. Tag seitanen ud af fadet, og lad den hvile, indtil den er kølig nok til at håndtere.

b) Stik en gaffel i toppen af seitanbrødet og hold det på plads med den ene hånd. Brug en anden gaffel til at rive brødet i små bidder og smuldrer.

c) Forbered creme fraiche sauce. Smelt margarinen i en stor gryde ved middel varme. Rør melet i med et piskeris og kog i 1 minut. Hæld langsomt grøntsagsbouillonen i, mens du konstant pisker, til den er jævn. Kog i 5 minutter, fortsæt med at piske, indtil saucen er tyknet. Pisk cremefraiche og salsa verde i, og rør derefter de resterende sauceingredienser i. Lad det ikke koge, men kog til det er gennemvarmet. Fjern fra varmen og sæt til side.

d) Forbered enchiladaerne. Varm olivenolie op i en stor pande ved middel varme. Tilsæt løg og steg 5 minutter eller indtil det er gennemsigtigt. Tilsæt hvidløg og Serrano chili og steg 1 minut mere. Rør strimlet seitan, tomatpure, spidskommen, chilipulver og salt i. Kog 2 minutter, og tag derefter af varmen.

e) Forvarm ovnen til 350 grader fahrenheit. Varm tortillaerne op på en stegepande eller i mikrobølgeovnen og dæk dem til med et viskestykke. Fordel 1 kop cremefraiche sauce langs bunden af en 5 liters bradepande. Læg en lille 1/4 kop af den strimlede seitanblanding og 1 spsk Daiya på en tortilla. Rul sammen og læg i bageformen med sømsiden nedad. Gentag med de resterende tortillas. Dæk enchiladas med den resterende cremefraiche sauce, og drys derefter med Daiya.

f) Bag enchiladas i 25 minutter, eller indtil de bobler og er let brunede. Lad afkøle i 10 minutter. Drys med 1/2 kop hakket koriander og server.

49. Vegansk fyldt seitan-steg

ingredienser

Til seitanen:
- 4 store fed hvidløg
- 350 ml grøntsagsbouillon kold
- 2 spsk solsikkeolie
- 1 tsk Marmite valgfri
- 280 g vital hvedegluten

- 3 spsk ernæringsgærflager
- 2 tsk sød paprika
- 2 tsk grøntsagsbouillonpulver
- 1 tsk friske rosmarinnåle
- ½ tsk sort peber

Plus:

- 500 g vegansk rødkål og svampefyld
- 300 g krydret græskarpuré
- Metrisk – amerikansk sædvanligt

Instruktioner

a) Forvarm din ovn til 180°C (350°F/gasmærke 4).

b) Bland den vitale hvedegluten, næringsgær, bouillonpulver, paprika, rosmarin og sort peber i en stor røreskål.

c) Brug en blender (bordplade eller nedsænkning), blend hvidløg, bouillon, olie og Marmite sammen, og tilsæt derefter de tørre ingredienser.

d) Bland godt, indtil alt er inkorporeret, og ælt derefter i fem minutter. (note 1)

e) På et stort stykke silikonebagepapir rulles seitanen ud til en vagt rektangulær form, indtil den er omkring 1,5 cm (½") tyk.

f) Fordel rigeligt med græskarpuréen, og tilsæt derefter et lag af kål- og svampefarsen.

g) Brug bagepapiret, og start ved en af de korte ender, rul forsigtigt seitanen op i en kugleform. Prøv ikke at strække seitanen, mens du gør dette. Tryk enderne af seitanen sammen for at forsegle.

h) Pak bjælken tæt ind i aluminiumsfolie. Hvis din folie er tynd, så brug to eller tre lag.

i) (Jeg pakker min ind som en kæmpe toffee - og vrider enderne af folien stramt for at forhindre, at den løsnes!)

j) Placer seitanen direkte på en hylde i midten af ovnen, og kog i to timer, vend den om hvert 30. minut, for at sikre ensartet tilberedning og bruning.

k) Når den er kogt, lad den fyldte seitan-steg hvile i sin indpakning i 20 minutter, før den skæres i skiver.

l) Server med traditionelle stegte grøntsager, færdiglavet svampesovs og alt andet tilbehør, du har lyst til.

50. Cubansk Seitan Sandwich

ingredienser

- Mojo ristet seitan:
- 3/4 kop frisk appelsinjuice
- 3 spsk frisk limesaft
- 3 spsk olivenolie
- 4 fed hvidløg, hakket
- 1 tsk tørret oregano
- 1/2 tsk stødt spidskommen
- 1/2 tsk salt
- 1/2 pund seitan, skåret i 1/4 tomme tykke skiver

Til montering:

- 4 (6- til 8-tommer lange) veganske ubådssandwichruller eller 1 blødt vegansk italiensk brød, skåret i bredden i 4 stykker
- Vegansk smør, ved stuetemperatur, eller olivenolie
- Gul sennep

- 1 kop brød-og-smør pickles skiver 8 skiver indkøbt vegansk skinke
- 8 skiver mild smagende vegansk ost (amerikansk eller gul ost smag foretrækkes)

Vejbeskrivelse

a) Forbered seitanen: Forvarm ovnen til 375°F. Pisk alle mojo-ingredienserne undtagen seitanen sammen i en 7 x 11-tommers bradepande af keramik eller glas. Tilsæt seitan-strimlerne og vend dem til med marinaden. Steg i 10 minutter, og vend derefter skiverne én gang, indtil kanterne er let brunede, og der stadig er noget saftig marinade tilbage (må ikke overbage!). Tag ud af ovnen og stil til afkøling.

b) Saml sandwichene: Skær hver rulle eller et stykke brød i halve vandret og fordel begge halvdele generøst med smør eller pensl med olivenolie. På den nederste halvdel af hver rulle fordeles et tykt lag sennep, et par skiver pickle, to skiver af skinken og en fjerdedel af seitan-skiverne, og top med to skiver af osten.

c) Dup lidt af den resterende marinade på den afskårne side af den anden halvdel af rullen, og læg derefter ovenpå den nederste halvdel af sandwichen. Pensl ydersiden af sandwichen med lidt mere olivenolie eller smør med smørret.

d) Forvarm en 10- til 12-tommer støbejernspande over medium varme. Overfør forsigtigt to sandwich til panden, og top med noget tungt og varmebestandigt, såsom en anden støbejernspande eller en mursten dækket med flere lag kraftig aluminiumsfolie. Grill sandwichen i 3 til 4 minutter, se omhyggeligt for at forhindre, at brødet brænder på; sænk eventuelt varmen lidt, mens sandwichen koger.

e) Når brødet ser ristet ud, fjern panden/murstenen og brug en bred spatel til forsigtigt at vende hver sandwich. Tryk igen med vægten og kog i yderligere 3 minutter eller deromkring, indtil osten er varm og smeltet.

f) Fjern vægten, overfør hver sandwich til et skærebræt og skær diagonalt med en takket kniv. Server ho

KONKLUSION

Tempeh tilbyder en stærkere nøddeagtig smag og er mere tæt og højere i fiber og protein. Seitan er sneakiere end tempeh, fordi den ofte kan passere som kød på grund af dens salte smag. Som en bonus er det også højere i protein og lavere i kulhydrater.

Seitan er det mindst plantebaserede protein, der kræver den mindste mængde forberedelse. Du kan normalt erstatte seitan med kød i opskrifter med en 1:1-erstatning, og i modsætning til kød behøver du ikke varme før du spiser. En af de bedste måder at bruge det på er som smuldrer i en pastasauce.

Når det kommer til tempeh, er det vigtigt at marinere godt. Marinade muligheder kan omfatte sojasovs, lime eller citronsaft, kokosmælk, jordnøddesmør, ahornsirup, ingefær eller krydderier. Hvis du ikke har timer til at marinere din tempeh, kan du dampe den med vand for at blødgøre den og gøre den mere porøs.

www.ingramcontent.com/pod-product-compliance
Lightning Source LLC
Chambersburg PA
CBHW070415120526
44590CB00014B/1406